A cruz haitiana

CB011061

Iara Lemos

A cruz haitiana

como a igreja católica usou o seu poder para
esconder religiosos pedófilos no Haiti

(t.) TAGORE EDITORA

© *by* Iara Lemos– 2020

FICHA TÉCNICA

Editores:
Victor Tagore e Marcos Linhares

Coordenação editorial:
Rafaela Nascentes

Capa e Ilustrações:
Victor Tagore e Iara Lemos

Projeto Gráfico e Diagramação:
Victor Tagore

Revisão de texto:
Cácia Leal

L557c   Lemos, Iara
        A Cruz haitiana, como a igreja católica usou o seu poder para
esconder religiosos pedófilos no Haiti / Iara Lemos.-- Brasília, DF
: Tagore Editora, 2020.
        232 p.

        ISBN: 978-65-86125-16-0

        1. Pedofilia 2. Haiti I. Título.

                                                                CDU 322

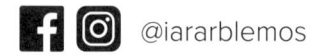 @iararblemos

Contatos:
Autora – iararblemos@gmail.com
Trampolim Editora – contato@tagoreeditora.com.br

TAGORE EDITORA
SIG QUADRA 8 LOTE 2345, SALA 100 • CEP: 70.610-480, BRASÍLIA, DF.
WWW.TAGOREEDITORA.COM.BR

Para João Vitor, meu pequeno príncipe,
Para que nunca deixe de sonhar com um mundo onde o
respeito e a dignidade se sobressaiam perante as injustiças.

As pessoas grandes são de fato muito estranhas.

(Antoine de Saint-Exupéry)

AGRADECIMENTOS

Escrever um livro foi, sem sombra de dúvidas, a tarefa jornalística mais difícil que tive até agora. Quando cheguei ao fim, senti como se estivesse nascendo um filho. Quem já escreveu um livro irá me entender.

Especialmente por esses motivos, esta parte denominada agradecimentos é tão importante. Não fosse pelas pessoas aqui nomeadas, e por tantas que confiaram em mim suas dores e revoltas, este livro sequer haveria nascido. A começar pelos meus pais, Paulo e Ana, que me ensinaram a respeitar o próximo, amar os livros e, principalmente, nunca desistir de buscar meus sonhos, independentemente dos obstáculos que tivesse pela frente. E que nunca são poucos. A eles, todo o meu amor e agradecimento.

À minha irmã e melhor amiga, Ana Paula, que, sem saber, quando eu estava mergulhada em uma depressão imensa, deu à luz ao João, o pequeno príncipe que renovou minhas forças, minha vontade de viver e de escrever.

Ao Marcos Linhares, meu agente literário, amigo e motivador, que foi buscar os rascunhos desta obra nos confins do meu computador e não desistiu enquanto não viu este trabalho finalizado. Ele também é vitória sua.

Ao Cyrus Sibert, meu colega jornalista, haitiano e incansável na busca de melhorias para o seu povo. Sua confiança foi a chave que abriu importantes portas para a realização deste trabalho. Você é parte disso tudo.

Ao Ricardo Seitenfus, meu mestre e amigo motivador, que colocou esta obra embaixo do braço como se fosse sua e saiu com ela para que as portas do mundo se abrissem. Sem você, não estaríamos aqui.

Por fim, agradeço ao meu marido, Wilson Lima, que tantas vezes me recolheu de cima de computador, secou minhas lágrimas e me arrancou da cama nas crises de depressão. Só ele sabe o quanto foi difícil chegar até aqui. A você, que caminhou comigo por essas páginas, meu amor e agradecimento.

SUMÁRIO

Prefácio

Ter um bom faro pela notícia, ou por uma história interessante, é atributo essencial para uma carreira de sucesso no jornalismo. Em novembro de 2007, quando a temperatura do verão começava a dar sinais em Santa Maria, no Rio Grande do Sul, Iara Lemos ouviu seu pai falar de uma antiga amiga, num almoço familiar. Iara se lembrou das histórias, que ouvira ainda criança, daquela irmã do Imaculado Coração de Maria, também enfermeira. A repórter de folga, visitando os pais, sentiu que havia uma interessante reportagem na descontraída conversa familiar.

Iara já tinha um particular interesse pelo Haiti – o pequeno, socialmente injusto, país caribenho –, estimulada por um professor e amigo. Mas foi na conversa com o pai, à mesa do almoço, que mais de uma década atrás começou a surgir o projeto de uma série de reportagens sobre o trabalho de cinco irmãs da igreja católica, gaúchas, no arrasado país.

A saga das religiosas fez um enorme sucesso no Rio Grande do Sul, extravasou as fronteiras estaduais e conferiu a Iara o Prêmio Esso. Ganhar um prêmio Esso de jornalismo é importante para nós.

O Diário de Santa Maria honrou, com Iara e sua série "No coração do Haiti", a tradição gaúcha de revelar e exportar excelentes jornalistas que ocupam posições de destaque nas redações brasileiras, a exemplo da autora deste livro.

Aquele início de tarde descompromissado não gerou, porém, somente um Prêmio Esso. O faro jornalístico de Iara Lemos a fez descobrir outras histórias e outros dramas ao peregrinar pelo Haiti.

Nas aventuras para descrever o trabalho humanitário das freiras, Iara deparou com denúncias de religiosos, padres, teólogos, missionários e membros da cúpula da igreja que agiam como predadores sexuais de mente doentia. É essa faceta obscura e chocante que Iara revela aos leitores nas histórias narradas neste livro.

Os relatos comprovam práticas de violência sexual contra crianças e adolescentes por membros importantes do clero. Crimes que aconteceram não apenas no Haiti, mas também no outro país que divide o território da Ilha de São Domingos, a República Dominicana. E o mais chocante: eles já haviam praticado abusos semelhantes em diferentes lugares onde exerceram seus ministérios religiosos.

O livro puxa um novelo de denúncias e revela que a região caribenha se tornou um esconderijo de padres pedófilos do mundo todo. Eles ainda estão por lá.

Causa repugnância a narrativa de crianças escravas, restavésks, no dialeto haitiano crioulo, ou mesmo apenas meninos e meninas de rua, desnutridos e abandonados, sendo abusados sexualmente por padres e membros da alta cúpula da Igreja Católica, protegidos por Roma.

Iara visitou comunidades no interior, devassando os crimes sexuais desses religiosos impiedosos, mostrando documentos e entrevistando os – hoje adultos – jovens traumatizados. A maioria está marginalizada. Os que não fugiram do país sofrem com o preconceito da sociedade conservadora haitiana e com a falta de perspectiva futura de uma vida normal.

Enquanto isso, os maníacos sexuais religiosos seguem impunes. Protegidos pela cúria romana, quando descobertos, eles apenas são transferidos para outras paróquias até que pratiquem os mesmos abusos, repetindo este ciclo deplorável e criminoso. Assim, seguem livres para violentar e traumatizar outras crianças.

O Vodu é a religião oficial haitiana, trazida por homens e mulheres negros que chegaram no país escravizados da África Ocidental, a maioria da costa da Guiné. Para escapar da vigilância de seus senhores, os escravos disfarçavam seus espíritos em santos católicos. Até hoje o Vodu é praticado por 80% dos haitianos.

Mas é a outra religião oficial, a católica, aliada dos escravagistas, parceira do Estado desde a formação do Haiti, e sempre ao lado da elite, que comete os crimes relatados neste livro.

Poderoso, desde a criação do Haiti em 1860, o catolicismo se impõe pela força econômica em um país arruinado pelas tragédias, pela corrupção e pelos desgovernos.

De fato, é uma minoria de religiosos católicos a que comete esses crimes torpes. A maior parte dos missionários desenvolve trabalhos relevantes, basicamente nas áreas de educação e saúde, a exemplo das religiosas gaúchas.

Omisso e ineficiente, o Estado haitiano abriu espaço para o trabalho de evangelização da igreja e os padres criminosos se infiltraram com esse potencial demolidor.

A importância histórica da Igreja Católica para a economia do Haiti fez com que o Estado concedesse aos acusados de pedofilia uma informal imunidade jurídica, abrindo espaço para vista grossa, arquivamento de denúncias, e capilaridade para fugas quando os escândalos vêm a público.

A parceria permitiu que religiosos de nações desenvolvidas articulassem programas de apoio social que se infiltraram e até hoje servem de biombo para a exploração sexual de crianças e adolescentes, em troca de comida, algum estudo, roupa limpa, banho e um lugar para dormir. Esses religiosos abusadores de menores, que já praticavam crimes nos países de origem, ou em outras paróquias e escolas, parecem se sentir seguros e confortáveis no Haiti. Assim, contaminam com seus crimes programas sociais relevantes.

São predadores de crianças protegidos pela sombra poderosa da religião oficial, pela omissão de governos e pela também escandalosa omissão de Roma.

Iara Lemos foi detalhista no levantamento de dados, documentos, nas entrevistas e nas pesquisas feitas no Haiti, na República Dominicana e nos Estados Unidos.

O interesse pessoal da autora pelo Haiti acabou por produzir um contundente libelo contra os religiosos pedófilos. A Igreja Católica precisa dar um basta e punir com rigor esses perversos criminosos que se camuflam em vestes litúrgicas. O livro reportagem de Iara Lemos é, sem dúvida, um eloquente alerta para as autoridades mundiais.

Matheus Leitão
Colunista da Veja

INTRODUÇÃO

"A escrita é, na origem, a língua dos ausentes, a casa é um substituto do útero – nossa primeira morada, da qual provavelmente ainda sentimos falta, onde estávamos seguros e nos sentíamos tão confortáveis"

(Sigmund Freud)

No dia em que o Haiti começou, de fato, a entrar na minha vida, o barulho do ventilador ajudava a compor o cenário e amenizar o calor dos últimos meses do ano, sempre tão intensos em Santa Maria, cidade cravada na região central do Rio Grande do Sul.

Era novembro de 2007, época em que o sol forte já deixa marcas nos corpos que caminham sem proteção nas ruas da cidade, conhecida por abrigar muitos estudantes em busca de qualificação.

Desde que havia retornado a Santa Maria, depois de um período morando longe da família a trabalho, sempre almoçava na casa dos meus pais. Era um ritual cheio de significados do qual eu não abria mão, até mesmo para aliviar a cabeça das pressões da redação do jornal em que trabalhava naquela época. As refeições no aconchego da família eram remédio diário para enfrentar a loucura de trabalhar em um dos locais mais complicados que eu já poderia ter estado, mas que ao mesmo tempo serviu de porta para as grandes conquistas que teria pela frente. Foi em meio a um desses almoços que meus pais deram início à conversa que iria, de forma indireta, me levar de corpo e alma ao Haiti.

"Ana, tu não vais acreditar quem apareceu lá no posto hoje?", falou meu pai, enquanto almoçava calmamente.

"Quem foi?", questionou minha mãe, deixando o chimarrão de lado e puxando a cadeira para se sentar à mesa. Ato que foi seguido por minha irmã e eu no mesmo instante.

"A Adorema Dall'Ongaro. Lembra dela? Minha colega de faculdade que era freira", disse.

Adorema Dall'Ongaro fora colega de meu pai na faculdade de Enfermagem, em meados dos anos 1980. Era uma das estudantes mais próximas dele e, por algumas vezes, esteve na casa de meus pais – à época formavam um jovem casal, com duas filhas pequenas – para almoçar, enquanto terminavam trabalhos da faculdade. Ambos escolheram a área da saúde pública para trabalhar, pois ficavam perto da camada mais debilitada da população.

Passada a faculdade, meu pai, que já era concursado do governo federal, foi atuar em um posto de saúde pública do Sistema Único de Saúde. Adorema caminhou por estradas que romperam a fronteira do estado e também do país.

"Claro que lembro, Paulinho. Que legal. E onde ela está? Há tantos anos não sabíamos dela", afirmou minha mãe, emendando o assunto.

"Vocês não vão lembrar dela, porque eram muito pequenas, mas ela vinha às vezes aqui em casa. Depois da formatura, cada um foi para um lado e nunca mais soubemos notícias", contou-nos.

"Está morando no Haiti, acredita?"

"Está de férias aqui, veio ver a família e foi no posto

fazer vacina. Mandou abraços a vocês", disse meu pai, seguindo tranquilamente a refeição.

A visita da freira ao posto de saúde pública, onde meu pai trabalhava, localizado em uma das regiões mais pobres da cidade, foi uma daquelas casualidades do destino. De imediato, meu pai contou que não reconheceu a ex-colega, que puxou o assunto tão logo o viu.

Adorema, por sua vez, não se esqueceu do colega de faculdade, que preparava um belo churrasco, estudava durante o dia e fazia plantões em emergência durante a noite.

Lembro que aquele final dos anos 1980 foi um período difícil para nossa família. Apesar da pouca idade, recordo com detalhes dos dias em que conseguia ver meu pai. E jamais esqueci do beijo na testa que minha irmã e eu ganhávamos ao final do dia, quando ele saia de casa para os plantões. Era quase como um sinal de que iria ficar, muitas vezes, mais de 24 horas longe de casa, sem nos ver.

Minha mãe, por sua vez, sempre foi o pilar da família. Ela cuidava das crianças, do marido, da casa e dela mesma. Sempre foi o esteio que nunca deixou nada esmorecer na família, mesmo diante de diversas dificuldades que enfrentávamos ao longo da vida.

"Ela falou que sempre lembra de ti, Ana. Perguntou muito como estás e mandou muitas recordações", falou meu pai.

Até aquele momento, tudo o que eu conhecia sobre o Haiti era restrito e ao mesmo tempo distante. Havia aprendido algo com estudos influenciados por um professor da Universidade Federal de Santa Maria, que ao longo dos anos se tornou um grande amigo. Ricardo Seitenfus foi consultor da Organização das Nações Unidas (ONU) e da Organização dos Estados Americanos (OEA) para temas que envolvem o Haiti. Não sei explicar ao certo como começou nossa amizade, que rompeu a barreira entre professor e aluno e invadiu nossas vidas. Ricardo, um doutor em Relações Internacionais extremamente reconhecido internacionalmente, autor de vários livros, transformou-se apenas em Ricardo para mim. Um grande companheiro, com o qual eu poderia ficar por longas horas, madrugadas adentro, tomando vinho e debatendo sobre relações internacionais, política, jornalismo e tudo o mais que quiséssemos. Ricardo é um grande parceiro para tudo que eu gosto na vida: cinema, teatro, restaurante, vinhos, livros, viagens...

Passam-se os anos, mas sempre terei pelo Ricardo um carinho extremo, assim como jamais esquecerei o perfume emanado pelo cachimbo preparado cuidadosamente por ele. Acender o fumo é um culto que ele sempre seguia, em meio às longas noites de parcerias e conversas que estarão eternamente em minha memória afetiva.

O Haiti nos aproximou, criando um elo tão sólido quanto a busca do povo haitiano por melhorias.

Ricardo tem a alma haitiana e fez da minha um pouco haitiana também. Se hoje tenho uma paixão pelo Haiti, a responsabilidade é inteiramente dele.

Foi em meio aos nossos longos debates que teve início minha grande jornada para desbravar o Haiti e todas as suas inconsistências. Cada semente de pesquisas que me levou ao país caribenho foi cultivada com a ajuda do amigo Ricardo Seitenfus. E foram todas aquelas noites de conversa com o professor que vieram como um raio em minha memória, tão logo meu pai começou a contar sobre a visita da freira, de quem eu não titubeei em pedir o contato.

"Está bem. Ela ficou de voltar ao posto. Disse que

vai levar outra freira que trabalha com ela no Haiti, e que também está aqui para se vacinar", disse meu pai, levantando-se da cadeira. Era chegado o momento de ele voltar ao trabalho.

A mim, naquele instante, fora traçado meu destino pelas estradas insanas do Haiti, em busca de respostas para questionamentos que eu nem sabia inicialmente onde iriam parar. E hoje sei que estão longe de acabar.

O que começou com uma reportagem sobre um grupo de freiras gaúchas que atuava no Haiti – e que me rendeu um Prêmio Esso de Jornalismo – desaguou em denúncias sobre exploração sexual envolvendo representantes da Igreja Católica no país considerado o mais pobre das Américas. É lá que a sociedade vive com fome, que crianças descobrem, ao longo da sua curta existência, que o único lugar seguro que tiveram um dia foi o útero materno. Fora dele, sob as bençoes de quem deveria protegê-las, milhares de menores são usados como objeto sexual, em uma prática milenar da cultura haitiana. Outros tantos são violentados para satisfazer desejos obscuros de padres e representantes da Igreja Católica. Todos eles colocados no país de forma sistemática para manter longe de sociedades mais estruturadas os problemas nunca solucionados pelo sistema religioso católico.

Foi assim com o Núncio do Haiti e da República Dominica, Josef Wesolowski, que, depois de cometer violência sexual contra inúmeras crianças em terras haitianas e dominicanas, foi retirado de forma imediata da América Central pelo Vaticano.

Encontrado morto em seu quarto de forma que considero, no mínimo, suspeita, Wesolowski silenciou, assim como a Igreja se cala. A regra da igreja Católica é clara: o que não é visto, não é para ser lembrado. No entanto eu não estou aqui para sacramentar essa regra. Eu quero mostrar o que puder.

A começar pela morte de agressores de crianças, em meio ao luxo do Vaticano, que jamais poderá ser considerada punição. Ela só fortalece a cortina de irregularidades da igreja, que mantém seu sistema pedófilo doentio.

Da mesma forma, a punição de padres e religiosos católicos fora das fronteiras do Haiti não pode ser usada pelo Estado Haitiano como exemplo de combate à máquina da violência sexual infantil. Atrelado à engrenagem católica, o Poder Haitiano é inerte e cúmplice das atrocidades que sou povo mais frágil sofre, em troca de necessidades básicas, como comida, água e estudo.

Mergulhado em corrupção, o sistema haitiano é tão podre em sua raiz quanto o católico, que usa do espaço e da fragilidade das crianças para beneficiar seus integrantes mais violentos e que deveriam estar presos.

Enquanto o Haiti seguir às margens da sociedade mundial, sendo considerado apenas um país pobre, em que crianças morrem de desnutrição de forma considerada comum, o país continuará sendo um espaço de desova da mais pobre estrutura da Igreja Católica.

É preciso que todos nós consigamos, um dia, mudar essa realidade. Não sei se irei conseguir. Porém, com certeza, irei tentar. E sei que não estou sozinha.

1

TERRA MADRASTA

Tédio
Minha alma é um deserto. Um brilho noturno
Ilumina até o infinito seu rosto taciturno.
Não é um som, nem um som, nem uma respiração, nem
um barulho no vago caminho onde meu pé veste.
Gotejamento, o céu secou sua antiga urna
Para a terra e madrasta alterada, Saturno
Devorando seus filhos ainda cadáveres. Sozinho, infelizmente!
Eu vivo para contemplar a morte universal.
Eu vou tendo o coração desgastado de um centenário.
Minha vida nesses lugares mortos mais do que um site lunar,
é insônia dentro de uma noite eterna.
O mundo árido e aborrecido, onde a atmosfera miserável se
estende como um deserto no deserto! ... O que fazer
nesta imensidão de tédio gelado?
Etzer Vilaire, The Poems of Death (1898-1905)

O despertar em Jérémie

Em Jérémie, cidade localizada a cerca de 280 quilômetros da capital do Haiti, Porto Príncipe, onde eu acordava naquela manhã quente de março, o sol penetra as peles negras e sem qualquer tipo de proteção como um chicote que flagela e deixa cicatrizes. Naquele dia, era eu quem acordava sob o açoite do sol.

"O café já está passado. Só falta pegar uns pães", falou Adorema Dall'Ongaro para alguma das outras freiras que moravam na casa onde eu estava hospedada, embora enquanto despertava eu não soubesse identificar qual delas seria. Eram tantos ruídos externos a se misturarem com as vozes que vinham da cozinha que contribuía para prejudicar uma melhor observação do local.

Recordo de ter permanecido por alguns minutos imóvel na cama, provocando meus sentidos a se abrirem ao novo mundo que me aguardava. Não demorou muito para que os ruídos das motocicletas invadissem meus ouvidos sem pedir permissão. Foi ali que percebi que, embora o adiantado da hora, a vida em Jérémie já estava em movimento.

Tudo naquele local desconhecido começava muito cedo. Meu olfato percebeu logo a provocação, incitado pelo cheirinho de café recém-passado, que vinha dançando desde a cozinha, desviando das paredes até chegar ao meu nariz. Como foi bom acordar com aquele aroma que lembrava o aconchego do lar.

Sem demora, o tilintar das xícaras e dos pratos sendo colocados na mesa foi o sinal que faltava para que eu despertasse de vez naquela manhã. Não havia mais tempo para prostração.

Aquele era meu primeiro amanhecer em Jérémie, uma cidade tão desconhecida no mapa mundial quanto amedrontadora a todos com quem dividi a informação de que lá estaria por um período. Essa localidade era, igualmente, uma insólita pulsante aos meus próprios conhecimentos.

Apesar de toda essa curiosidade que me fez, desde criança, gostar de estudar mapas, e até a galáxia, de colecionar selos que pertenciam ao meu avô paterno e notas antigas de dinheiro guardadas por minha avó materna ao longo de mais de 100 anos de vida, Jérémie nunca havia surgido nas minhas pesquisas. Nem mesmo no globo que meus pais me presentearam em um aniversário, e que se ilumina toda vez que busco um novo destino.

No entanto a vida é cheia de surpresas e Jérémie passou a frequentar meus conhecimentos depois da idade adulta, infiltrada nos livros que li por consequência dos estudos paralelos quando cursei a faculdade de Jornalismo na Universidade Federal de Santa Maria. Hoje entendo que foi lá, naqueles bancos universitários riscados e arranhados, que, no fundo, tudo o que estará nestas páginas teve início.

"Levanta. Coragem! Está na hora de começar a missão. E o tempo é curto!", falei para mim mesma em pensamento, enquanto esticava os braços em uma tentativa insana de espantar as dores que tomavam complemente meu corpo devido a uma fibromialgia que há anos me acompanha, e com a qual acostumei a conviver, mas não de deixar de reclamar. Já desperta, bastaram alguns minutos para um banho rápido – se é que dava para classificar de banho aquele ritual com água escassa de um balde – vestir a mesma roupa do dia anterior e prender o cabelo. Estava pronta. Sai em disparada do quarto para ir ao encontro de Adorema. A freira ainda estava na cozinha, terminando de preparar o café.

"Bom dia, irmã", disse a ela em um tom leve, ainda lento, mas sorridente, como costumo agir sempre pelas manhãs.

"Bom dia, minha filha", retribuiu-me a religiosa, da mesma forma, com um sorriso acolhedor no rosto. "Pronta para começar?", questionou-me.

"Sim, vamos lá", respondi para a missionária, que já estava próxima à porta para iniciarmos a caminhada de alguns minutos pelas ruas estreitas da localidade. O percurso daquela manhã era, sem dúvida, o mais esperado por mim naqueles últimos meses.

Adorema e eu saímos de casa a passos lentos e atentos, observando a pobreza hipnotizante que cercava o local, em busca do primeiro alimento do dia. As pedras que desviávamos na rua desfeita eram sinais das dificuldades que enfrentaria nos dias em que iria permanecer no mais pobre país das Américas. Por mais que tivesse me preparado por longos meses para estar lá, naquele momento não conseguia prever o que estaria por acontecer. Nessas horas sempre penso na minha mãe. Acredito que se ela soubesse como são alguns dos locais que frequento, nunca teria me deixado ser jornalista. Naquela manhã, caminhando pelas ruas de Jémémie, era em meus familiares que eu recordava e em como eles estariam imaginando ser o local onde eu estava. Com certeza, em nada se aproximaria do que se consolidava diante dos meus olhos.

A caminhada ao lado da freira foi curta. Não cronometrei, mas me pareceu algo em torno de uns 10 minutos. Tempo suficiente para que engatássemos uma conversa que era uma espécie de recapitulação do que eu poderia encontrar por lá. A orientação principal de Adorema era que eu tratasse tudo da forma mais natural possível durante o período em que estivesse no Haiti. A regra valeu para todas as vezes que desembarquei lá.

"Procure não se assustar com o que ver, minha filha. Aja naturalmente. Todos são sempre muito simpáticos, mas eles podem agir de forma inesperada caso se sintam ameaçados", afirmou. "Mas que tipo de ameaça eu poderia trazer?", perguntei.

"Não é ameaça física, minha filha. Mas este é um povo muito sofrido. Eles estão à margem de tudo que conhecemos como sociedade estruturada. Até a cor da pele pode assustar", disse-me.

De fato, percebi sem tardar que, naquela manhã, havia me transformado em uma atração no pequeno povoado. Minha pele desbotada aos padrões deles e os cabelos cacheados não passaram imunes aos olhos de quem por ali estava. Todos com os quais cruzávamos me olhavam, dando sorrisos e alguns cochichando. A mim, só restava sorrir de volta.

"Não se assuste. Aja naturalmente", dizia a freira, que, para tentar manter o clima de descontração, apresentava tudo o que estava em minha volta.

"Ali do lado estão as moradoras que vendem seus produtos no mercado", mostrou-me, apontando para um grupo de mulheres que havia estendido folhas de bananeira no chão para expor o peixe seco que vendiam.

A cor amarronzada do alimento, rodeado de moscas, não é bem o que uma novata em terras haitianas poderia esperar de um produto à venda. Porém era o que tínhamos por lá. Nos dias que se seguiram, pude experimentar cada um daqueles alimentos com toda a calma que as refeições exigem. E confesso que, apesar de a aparência não ser nada apetitosa, o sabor do peixe seco não era de todo ruim. Dava até para fechar os olhos e imaginar ser bacalhau, de tão salgado que era e pelo processo semelhante a que passava antes de ser consumido. Encontrei método parecido da salga do peixe de Jérémie nas Islas Flotantes, em Puno, no Peru. O gosto do peixe em solo peruano também era similar ao dos haitianos.

Naquela primeira manhã, a exposição dos alimentos e o odor de óleo podre que impregnava as narinas era como um caminho preparatório para chegar até o que a freira, de fato, levara-me junto para comprar. No final de toda aquela fila de expositoras, começava um outro agrupamento: o das responsáveis por produzir o pão. Era por uma delas que procurávamos.

"*Bonjou,* madame Onel!", disse Adorema para a senhora sentada na rua, onde faltava a estrutura que deveria compor o calçamento. Um resquício de água lamacenta corria embaixo dos pés sem cuidados daquela senhora. Uma crosta de pele dura, quase como uma sola de sapato, servia de proteção para a mulher que andava descalça.

Madame Marie Chevy Onel era uma bela comerciante da pequena cidade, onde quem tem pouco já é considerado com muito. Por muitas vezes, ela estivera em meus pensamentos, mas tudo o que imaginara da comerciante em nada se aproximava do que ela de fato era. Marie tinha um sorriso encantador típico das mulheres haitianas que eu havia visto desde o primeiro momento em que desembarquei no aeroporto internacional de Porto Príncipe. Eu bem sabia da beleza das mulheres do Haiti muito antes de chegar ao país pela primeira vez.

"*Bonjou*, madame!, disse Onel, abrindo o sorriso de dentes ausentes de imediato. Retribuí da mesma forma.

Sem nenhum tipo de restrições, Onel começou a preparar a compra diária da freira. Diante de seus pés, a terra tinha uma coloração marrom clara, quase como um leite com chocolate, cremoso, parecido com argila. Era daquela base composta de terra e água raras vezes limpa que a haitiana preparava o que chamava de pão, feito todos os dias, e que alimentava os que tinham condições de comprar alimentos no áspero solo haitiano.

"Minha filha...", disse-me Adorema Dall'Ongaro, puxando um assunto, a fim de quebrar o silêncio ali instituído naquele momento.

"Sempre compro desta senhora o nosso pão. Ela é cuidadosa no preparo e o da Madame eu sei que tem um pouco de farinha, que ameniza o sabor", contou-me a religiosa, enquanto acompanhávamos o preparo.

No Haiti, a mesma terra que levanta a espessa poeira que toma a imagem do país serve de ingrediente na composição do alimento que sustenta parte da população. O pão que na rua é vendido da rua se compõe. O "paim" feito de barro é consumido por uma parcela da população: os mais pobres e as mulheres grávidas. As gestantes acreditam que o pão atue como uma espécie de complemento nutricional, especialmente de cálcio.

Adorema Dall'Ongaro busca o alimento para o café das freiras todos os dias, sempre com Marie, que, como a própria freira contou, mistura um pouco de farinha no pão, por isso a necessidade de colocar para assar em pequenas porções. A mim, naquela ocasião ainda jornalista de primeira viagem ao Haiti, a freira mostrou os cuidados necessários na hora de escolher o pão em terras tão penosas.

"Não pode ter só terra, não, Iara. É preciso misturar", dizia a freira.

"Olha aquelas ali do lado... Só têm terra. Elas nem colocam no forno. Secam no sol. Assim não conseguimos comer", explicou, ao mostrar as dezenas de mulheres que ali perto também produziam pães, mas apenas com barro, sem fazer uso da pequena – e cara aos padrões haitianos – farinha.

"O tempo no forno também é importante para o pão não ficar muito duro", continuou a explicação. "Se deixar muito tempo (no forno), não dá para comer. É trabalho perdido. Se ficar tempo a menos também não se consegue comer. Fica com gosto de barro e ninguém aguenta", afirmou a freira, apertando a boca e fazendo uma cara feia, e ao mesmo tempo engraçada.

Ao longo dos mais de dez anos em que morava no Haiti, a religiosa aprendeu todos os detalhes da fabricação e até o tempo que o pão precisava ficar no forno, estruturado sobre tijolos e preenchido com toras de madeira, que davam origem ao fogo. Aos meus ouvidos, toda aquela longa explicação era quase que como um consolo que se perdia no tempo e na razão de eu estar naquele local, naquela manhã quente de março de 2008.

Eu tentava demonstrar atenção diante da explanação sobre os pães, mas eram tantos os detalhes ao redor para me deter, e tentar compreender, que me sentia como uma criança conhecendo novidades pela primeira vez. Um misto de euforia, curiosidade e receio tomou conta do meu corpo em um calafrio que me percorreu por completo.

Diante das dificuldades que via ao redor, que não eram poucas naquela terra áspera, o sorriso de Chevy Onel era como um feixe luminoso a penetrar meu pensamento.

Onel demonstrava ser uma pessoa carismática, fruto de uma sociedade debilitada, que detinha uma força ímpar para sobreviver a todas aquelas intempéries.

Enquanto ouvia as explicações da freira, sentia como se estivesse sendo convencida de que iria comer algo que não me faria mal. Desde muito pequena, sempre tive o péssimo hábito de conversar em voz alta comigo mesma. Muitos dos debates que tenho durante o dia são assim. E não são poucas as vezes em que, quando me dou conta, estou falando em voz alta. Eu falo até dormindo. E aquele momento com a freira foi uma dessas situações. Quando percebi as pessoas em volta observando-me, silenciei, mas já tinha soltado: "Isso não deve ser nada bom". Por sorte, ninguém entendeu o que falei. De brinde, ganhei um novo sorriso de Onel.

"É preciso saber exatamente de onde e de quem comprar", continuou a freira em sua "aula gastronômica". "Antes dela a gente sempre errava, até que um dia descobrimos o pão da Madame Onel e tudo ficou resolvido. Sem dizer que é nossa vizinha".

"Ela também faz balas deliciosas. Gostinho de gengibre, uma delícia", falou a freira, estalando os dedos em sinal de aprovação.

"Quando formos à casa dela visitar e conhecer a família você vai poder provar. Aceite o que a criança servir. Poderá comer sem medo", afirmou a freira, apontando para o lado para mostrar a criança que levava os pães ao forno de barro.

Os pães de terra eram moldados por Madame Onel rapidamente, quase que em um *ballet* sincronizado. Para mim, os pães lembravam muito o formato dos que eram feitos pela mami, aos quais sempre chamei de "pão bola". Pelas mãos da Chevy Onel, além de terra e água, uma dose pequena de farinha de trigo e outra de fermento finalizavam a produção da massa, que logo ia para a modelagem. Alguns minutos de descanso e os pães já estavam prontos para irem para o que logo deduzi, era o forno. A missão ficava a cargo da criança, que aparentava ter cerca de oito anos. Ao lado de Onel, ela pegava os bolinhos e os colocava para assar, em cima de pedaços de madeira que esquentavam sob uma fogueira. A menina, ao contrário da alegria demonstrada pela comerciante, não esboçava nenhum sorriso. Na verdade, não entremostrava qualquer tipo de reação, nem mesmo quando tocava os pães quentes, sem qualquer tipo de proteção.

A pequena tinha uma pele suja e sem brilho, com cabelos desarrumados que destoavam das mulheres ao seu redor. Tentei, mas não conseguiu, fazer a criança me olhar nos olhos. Senti que a pequena procurava se esconder, como se quisesse ficar distante do mundo.

"Como a chamam aqui?", questionei à freira de imediato.

Fiquei, contudo, sem resposta. Sem falar o Kreyol, o dialeto que mistura francês e outras expressões de origem africanas quase incompreensíveis, mas que é usado como língua de resistência do povo haitiano, eu não conseguia nem iniciar uma conversa com a comerciante sem que tivesse a ajuda das freiras brasileiras.

A freira não fez nenhum movimento para perguntar à Madame Onel como a criança se chamava. Por mais que fossem contra a forma como as crianças eram tratadas por parte da população haitiana, as religiosas sabiam que, para ficar no Haiti, precisavam se adaptar às culturas do país, e aceitar as diversas realidades como algo quase natural. Foi isso que lhes ajudou permanecer lá. Conviver com crianças como aquela menina, vendo-a trabalhar e não mudar aquela realidade, também fazia parte da atuação das freiras. Era uma omissão consentida.

Do alto de seu cinquenta e poucos anos, a freira, natural do Rio Grande do Sul, não sabia nada sobre a pequena, além da certeza de que fora entregue à comerciante ainda pequena.

"Aqui estão. Merci", disse Madame Onel, entregando a sacola com pães para Adorema, que em troca colocou nas mãos da comerciante algumas moedas de Gourde, a moeda haitiana.

"Bonjou", disse a freira, acompanhada de outro Bonjou meu, que sem perceber havia respondido em Kreyol para a comerciante.

A nossa partida não alterou a rotina da criança, que seguiu seu trabalho de colocar os pães para assar e de retirá-los do local. Não esboçou nenhum sentimento diante do aceno de mão que fiz para cumprimentá-la antes de ir embora. Em uma caminhada a passos leves de volta para casa, dávamos início ao longo dia no país, onde a Igreja Católica solidificou seu espaço, mediante a dor e o sofrimento de um povo que, quando não é escravo de corpo e alma em nome da palavra de Deus, usa de suas crianças para transformar a infância em um calvário.

Chevy Onel diante do comércio em frente à sua casa, em Jérémie. Ao centro, a criança que trabalhava com ela. Foto: Fernando Ramos.

O peixe seco que serve de alimento no Haiti. Foto: Iara Lemos

Heranças Católicas

As manchetes dos principais jornais em todo o mundo alertavam naquele final dos anos 1990 para aquela que prometia ser a maior preocupação mundial da atualidade: o "bug do milênio". Ninguém sabia dizer exatamente o que estava para acontecer na virada para o ano 2000. Havia a expectativa de que todos os sistemas de computação pudessem parar, e consequentemente o mundo ficaria no escuro digital, criando uma espécie de pânico generalizado. O temor era de que arquivos inteiros pudessem se perder, colocando fim a dados de toda a humanidade, que foram inventariados um a um ao longo da nossa existência. Era como se toda aquela gente que nos cercava não pudesse mais existir sem a era digital. Um problema que deveria atingir todos os sistemas de computação na virada do ano.

"Ainda tem tanta gente sem computador no mundo. Isso é só uma forma de assustar as pessoas. Nada vai acontecer", lembro de minha mãe falando enfaticamente.

Mesmo assim, na madrugada do dia 31 de dezembro de 1999, enquanto os fogos de artifício coloriam o céu, anunciando a chegada do novo ano, eu pensava em como seria o fim do mundo digital. Uma coisa era fato: se dependesse do que havia em minha casa, seria alegre, farto e colorido, como são as festas de final de ano na residência dos meus pais, com familiares, amigos reunidos e oração, uma tradição na família católica.

Por parte de mãe, minha avó é devota fervescente. Por parte de pai, recordo da minha avó paterna nos levando à missa aos domingos de manhã. Lembro-me, ainda, de sua pele negra, os cabelos brancos cacheados e de outras situações, talvez, não muito convencionais, como espécies de rituais, que misturavam benzeduras, ervas, não raras vezes feitos às escondidas. Lembro, também, claramente que, após a sua morte, muitas recordações não foram mais vistas, deixando no esquecimento aquele lado não habitual e pouco conhecido da minha avó.

Creio que seja por isso que coube a meu pai difundir todas as dúvidas e incertezas que sempre permearam minha mente em relação à Igreja Católica. Amante fervoroso da história geral da humanidade, em especial tudo o que envolve religião e Segunda Guerra Mundial, filosofia e artes, ele sempre me fez ler e analisar, desde muito pequena, diferentes pontos de vista.

"Não, nem tudo é tão bom e exemplar como se aprende nas aulas de catequese. Nem tudo são paradigmas a serem seguidos. Nem tudo na Igreja Católica é para ser idolatrado. É preciso mente aberta, é preciso conhecer tudo que eles fazem", ele me diz até os dias de hoje.

Meus pais estavam, ao modo deles, inserindo, em mim e minha irmã, questionamentos filosóficos que apenas mais tarde eu conseguira ter o discernimento para compreender melhor, o que só acontece com o avançar das primaveras. Aprendemos a nunca dar nada como certo, até que tivéssemos certeza e segurança de que era realmente verdadeiro.

Partimos de um pensamento mais simples, que iniciou nas tardes de infância, em livrarias, quando minha mãe fazia a leitura de histórias e autores, pois, na época, não tínhamos recursos para levar para casa, até o pensamento mais erudito, que me fez compreender que René Descartes inseriu dúvidas e questionamentos na humanidade, mesmo que nem todos ainda saibam de sua existência.

Todo o conhecimento só pode ser construído com base no pensamento. Refletir torna todos mais críticos. Afinal, como podemos ter certeza se nossa vida toda não passa de um sonho?

Sonho ou realidade, o fato é que, ao longo dos anos, adestrei-me a receber a pulga da inquietação que meu pai colocava atrás da orelha sempre que o assunto em questão era a atuação da Igreja Católica. E essa inquietude de incertezas acompanha-me pela vida. Foi essa sensação que tive tão logo pisei na pequena capela em Jérémie, o primeiro local em que estivemos antes mesmo de chegar na casa das religiosas da Congregação do Imaculado Coração de Maria, cujo abrigo estava destinado a mim e meu colega Fernando Ramos nas duas semanas que ficaríamos no interior do país, na primeira vez que lá estive.

Chegamos na igreja sozinhos, sem as freiras, e nos sentamos nos bancos de madeira para acompanhar uma parte da celebração. Era final da manhã, talvez perto das 11h, e lembro-me de uma senhora jovem, com uma criança no colo, sentada na primeira fila, bastante concentrada em sua oração. Ela vestia uma roupa azul clara, composta de saia e um casaco de manga curta, e, ao longo dos dias, pude perceber que era quase uma vestimenta padrão para as senhoras que iam à missa. Os tons claros de azul, rosa e laranja predominavam entre as roupas femininas, assim como as calças sociais e camisa branca eram as preferidas dos homens.

Mesmo diante das dificuldades que enfrentam para obter alimentos e sobreviver em tão maculado solo, os haitianos que vão à Igreja estão sempre muito bem vestidos e ajudam a compor o caixinha da instituição, que circula de mão em mão durante a celebração, com as moedas que podem. As mulheres jamais estão com os braços descobertos nas cerimônias religiosas, como um símbolo de respeito a Deus.

Na Igreja, que não tinha nome na porta, os vitrais simples, sem decoração, intensificavam a entrada dos raios de sol no interior da construção, e, ao refletirem nas paredes brancas, levavam a luminosidade mais que necessária, destacando os tecidos em azul claro que ornavam o altar. A imagem grandiosa do Cristo Crucificado, ao centro, era imponente como todas as representações católicas o são, seja no Haiti ou em Roma. À frente do altar, uma Bíblia aberta estava à disposição do padre, que não se mostrou incomodado com a presença de estranhos em seu rebanho naquela manhã. A missa transcorreu seu curso normal, enquanto Fernando caminhava pela igreja fotografando e eu seguia sentada no banco de madeira lá no fundo da capela, apenas observando e refletindo sobre aquela cena. Aquele foi, sem dúvida, o momento em que mais lembrei dos ensinamentos do meu pai.

"Nem tudo na igreja Católica é para ser idolatrado", eu podia ouvir sua voz, pausadamente e de forma segura, dizendo isso.

A frase vinha como um ruído em meus ouvidos e despertou-me para o desconhecido. A mesma Igreja Católica que dá a mão e o aconchego aos que tanto necessitam carrega a sombra de pastores responsáveis por ferir seus rebanhos. Não são poucos os casos de padres que rompem o lastro do Código Canônico no Haiti, aproveitando-se das fragilidades e necessidades infantis para satisfazer seus próprios prazeres em terras haitianas, mantendo infrações às regras das alianças sob a alçada de proteção. Por lá, descobri que, quanto mais distante da capital do poder político, mais fortes são as influências católicas sobre a população.

Foi triste entender que a mesma Igreja que me acolheu, e que, por meio das freiras do Imaculado Coração de Maria, recebeu-me de braços abertos nas vezes em que estive no Haiti, é também a que maltrata essas crianças. Foi cruel perceber que, enquanto aqui escrevo, ainda há crianças imprimindo marcas dolorosas em suas histórias de vida que talvez eu só venha a saber anos depois. Estudar o Haiti e suas mazelas em busca de melhorias é, sem dúvida, um caminho sem volta.

Capela em Jérémie, onde acompanhamos parte de uma missão na chegada. Foto: Fernando Ramos

Café com argila

Já passava das 7h30 da manhã, quando Adorema e eu recomeçaram a caminhada até a casa das freiras, pelas ruas sem calçamento do bairro Karakoly.

Durante o trajeto, espirrei por um longo período, até me acostumar com a poeira que levantava devido ao vento seco, intensificado pelas motos e bicicletas que passavam rápido por ali. Lembrei-me do dia anterior, quando aconteceu a mesma situação na nossa chegada a Jérémie. A névoa erguida pela aterrisagem do avião de pequeno porte foi tanta que percebi, logo ao desembarcar, que as letras que serviam como referências de localização na parede do aeroporto haviam desaparecido em meio à poeira espessa que levantou na pista.

Chegamos até aquele ponto quase desconhecido no mapa em um avião do Exército Canadense, junto com mais alguns integrantes de organizações humanitárias e alguns estudantes universitários. Aos poucos, o turvamento foi-se abrindo, e o céu de um azul intenso ganhou espaço. Foi preciso, ainda, alguns segundos para que o azul e o vermelho da tinta na parede pudessem ser visualizados, e que eu conseguisse controlar minhas crises de renite.

À primeira vista, lá adiante, estava um prédio completamente maculado pelas intempéries, que não são poucas naquela região. Tirei os óculos e pude ver que, avesso às dificuldades, o conjunto de letras caprichadas, todas bem torneadas, era como um aconchego. Fiquei imóvel por alguns segundos observando a parede, que provavelmente teve as letras feitas à mão livre, sem o uso de molde ou qualquer outro tipo de tecnologia. Eram letras simples, mas que, unidas, tinham a força da nacionalidade traduzida pelo azul e o vermelho, as cores que estampam a Bandeira do Haiti, o mais pobre dos países das Américas.

"Bienvenue a Jérémie, la cite des poetas!"

A saudação escrita era simples, mas carregada de significado. Eu havia chegado ao meu destino, após longos meses de preparação.

Em Jérémie, logo percebi que a composição das letras na parede do pequeno aeroporto, mais que dar nome à cidade e desejar uma boa estada aos raros visitantes que por lá apareciam, eram responsáveis por manter vivos artistas que a história cultural do país se encarregou de sacramentar. Foi assim com Etzer Vilaire e Émile Roumer. Poetas de pele negra, aparência sofrida e alma iluminada, que traduziram em versos a busca do povo haitiano por melhorias. Etzer e Émile ajudaram a levar o nome do Haiti para o mundo, expondo as dificuldades de uma terra que corrói seus filhos prematuramente.

Em um país onde a média de vida gira em torno dos 56 anos, as responsabilidades começam cedo para os que precisam ganhar seu próprio pão, mesmo que o "pão" não seja bem a referência de alimentação por lá. A infância se funde aos compromissos e responsabilidades da vida adulta, fazendo com que muitas crianças sejam forçadas a transformar os afazeres domésticos, e outros mais, em uma rotina de trabalho intensa, na tentativa de garantir a própria sobrevivência.

Dados do Fundo das Nações Unidas para a Infância (Unicef)[1], de 2014, apontam que, pelo menos, 80% das

---

1. Child Fosterage and child domestic work in Haiti in 2014: Analytic Report (https://www.fafo.no/images/pub/2015/20560-web.pdf)

crianças com idade até 15 anos vivem longe dos pais no Haiti, sendo que esses menores trabalham em média seis horas por dia, em serviços não regularizados e sem acesso à educação ou aos serviços mínimos de saúde. São escravos aceitos pela sociedade, uma cultura normal no país, da qual eu precisava saber mais:

"Que faz aquela menina além de colocar e tirar o pão do forno de carvão e queimar as mãos?", questionei às freiras.

No momento daquela pergunta, as religiosas e seus convidados – inclusive eu –, que estavam hospedados na casa bem estruturada para os convencionais padrões haitianos, localizada no bairro Karakoly, tomávamos um farto café da manhã. No centro da mesa, estava o paim (pão de argila) e frutas colhidas do pomar naquela manhã. Ovos não faltavam; havia ainda suco de abacaxi e o café completando a refeição.

No Haiti, a primeira refeição do dia das religiosas é típica de um almoço, regado a muita pimenta, tempero típico do país. O condimento, mais que dar sabor apurado aos alimentos, não deixa de ser um recurso para a conservação deles. Sem geladeira, nem outro tipo de utensílio capaz de conservar a comida, uma vez que não há energia elétrica em boa parte do país, o haitiano, de forma geral, precisa improvisar maneiras de manter o alimento – já escasso – apto para o consumo por mais tempo. A pimenta e o gengibre foram algumas das alternativas encontradas. Não raras vezes, o café da manhã das missionárias inclui, também, omeletes com cebolas. Naquele meu primeiro dia em solo haitiano, a omelete ficou para o jantar.

"Ela ajuda em tudo na casa. Limpa, passa, cozinha. Faz tudo o que um adulto faria, sem reclamar de nada. Está sempre em silêncio. Sabe... Acho que nunca ouvi a voz dela. É muito triste de ver", disse Lorena Barbosa, responsável por minha recepção no aeroporto empoeirado da cidade, e quem me contou um pouquinho sobre a história dos principais poetas do país.

Lorena Barbosa não é poeta, tampouco haitiana, mas é professora. Uma mulher de feições delicadas e pele clara marcada pelo sol. O caminhar de Lorena balançava seus longos e finos cabelos, ao ritmo do vento constante que soprava levantando toda a poeira possível. Do alto de seus 30 e poucos anos, Lorena demonstrava certa fragilidade e tinha, nos olhos verdes, o brilho da ingenuidade. Falava de forma pausada, seja com aqueles com que conversava pela primeira vez, seja com os que já conhecia há algum tempo.

Após três anos morando no Haiti, o sotaque brasileiro começara a se diluir perante a força do Kreyol, a língua da libertação e símbolo máximo da resistência do povo haitiano diante da influência da colonização francesa. Até hoje, as lembranças da colonização europeia são marcas gravadas na memória do povo desse país caribenho. Mesmo assim, o francês é considerado a língua oficial. Ensinado nas escolas, contudo, pouco falado entre a população.

Era em Kreyol que Lorena e as demais religiosas brasileiras se comunicavam. O português se tornou uma língua secundária no dia a dia das freiras que deixaram o Rio Grande do Sul rumo a uma missão nada simples, mas recompensada pelo esforço, nem sempre acolhedora na alma. Até mesmo em momentos de reflexão, era na língua do povo por elas adotado que as religiosas se comunicavam. Seja nas orações solitárias, seja nas preces em grupo. O "Pai nosso que estais no céu", na nova versão eleita pelas brasileiras,

ficou "Papa nou ki nan siyél La". A adaptação à nova realidade, contudo, não foi nem um pouco fácil para nenhuma
delas.

Ao chegar ao Haiti, em diferentes períodos, as freiras
precisaram ser completamente alfabetizadas. O Kreyol em
nada se assemelha ao português. Eu sabia bem dos obstáculos da língua, já que tive aulas de Kreyol na preparação para
chegar ao Haiti. No meu caso, a dificuldade de aprendizado
pode ter sido agravada pelo horário.

"Vamos começar bem cedo a aula. Esperamos você às
8 horas", disse-me Adorema, quando iniciou minha preparação durante suas férias, em Santa Maria, ainda em meados
de 2007.

"Vai ter café pronto. Pode trazer o pão", completou.

"Claro. Estarei lá".

E assim foi por quase três meses, de segunda a sexta-
-feira. Está bem que o meu "estar" não foi bem completo,
visto que nunca fui apta a trabalhar pela manhã. Não me
importo em deitar quando o sol se levanta, mas as religiosas são, naturalmente, diurnas. Elas acordam antes mesmo
do raiar do dia para suas orações individuais e em grupo. E
quando passei a estudar Kreyol e cultura haitiana com elas,
precisei me obrigar a acordar muito cedo, mesmo traba-
lhando até tarde, muitas vezes até a madrugada.

Saia de casa por volta das 7 horas para, antes das 8h,
estar sentada na pequena sala da casa que a Congregação
mantinha, em Santa Maria, no Rio Grande do Sul, e onde
as religiosas me davam diversas lições sobre o país. Até hoje
tenho o pequeno dicionário de Kreyol que as próprias freiras elaboraram para auxiliar na adaptação de todas as que
vão ao país. Alguns militares que foram deslocados de San-

ta Maria e de outras cidades vizinhas durante a missão de Paz da Organização das Nações Unidas (Missão das Nações Unidas para a Estabilização no Haiti – Minustah) também estudavam com as religiosas. Elas não cobravam pelo serviço.

"Apesar de tudo, ela parece que não é maltratada. Nunca vimos Madame Onel batendo nela ou algo parecido", falou Lorena. "Mas sabemos que ela é escrava. Uma pequena escrava".

"E ela faz o que de trabalho escravo?", questionei.

"Pode fazer tudo o que uma escrava faz, até serviços sexuais. Mas no caso dela, creio que não seja isso. Acho que faz só serviços domésticos mesmo", completou a frase, que foi seguida de um silêncio entre todos.

Lembrei-me da aparência frágil da criança e percebi que, mesmo que tentasse, não conseguiria definir a idade que ela tinha. Aparentava ter entre oito e dez anos, mas com a desnutrição assolando quase um terço das crianças do país, ficava difícil chegar a uma conclusão.

No país caribenho, ao menos um em cada cinco menores sofre de desnutrição crônica, o que dificulta o crescimento e o desenvolvimento como um todo. De acordo com o Programa Mundial de Alimentos, órgão ligado à Organização das Nações Unidas (ONU)[2], ao menos 600 mil crianças precisam de assistência externa para se alimentar em terras haitianas, enquanto 6,5% desses menores sofrem de desnutrição crônica, quadro que afeta o crescimento, assim como a capacidade de raciocínio e todo o desenvolvimento da criança.

"Ela parece tão pequena... E é tão frágil", eu disse E

---

2. https://www.wfp.org/

perguntei ainda: "Como ela foi chegar até a casa da Madame Onel"?

"Difícil saber. Na verdade, nunca perguntamos nada para a Madame para não causar uma situação estranha. Sabemos só o que ela nos contou", afirmou Lorena. "Ela é nossa vizinha, e precisamos manter uma boa relação. Sabemos que a criança não é dela e não fazemos perguntas", completou.

"Ela chegou na casa da Madame Onel em um momento crítico", afirmou Santina Perini, a mais antiga das religiosas que na época desenvolvia trabalhos no Haiti.

O silêncio se instalou por alguns segundos, como se todos tentassem naquele momento encontrar uma resposta para algo que não deveria ter explicação.

"Mas vamos terminar nosso café que temos muita coisa a conhecer hoje. O dia é longo em terras haitianas", disse a freira Neuza Lovis, com a praticidade e rapidez que é sua principal característica.

Diante da determinação, as religiosas e os visitantes se concentraram no café e em conversas que deixavam de lado o delicado tema da escravização infantil. Falou-se, então, de tudo um pouco: praias, cervejas haitianas, músicas caribenhas...

Para minha surpresa, as freiras adoravam uma boa festa e, mais ainda, uma boa cerveja gelada. "Prestige", feita em solo haitiano, era a marca preferida delas, especialmente de Neuza, que adora dançar com um copo da bebida bem gelada em mãos. A cerveja mais vendida no país, fabricada no próprio Haiti desde 1976, é feita com puro malte e tem 5,6% de teor alcóolico, como diz o rótulo que fiz questão de guardar como recordação de uma animada festa que as freiras prepararam para nós na despedida. Algo difícil de imaginar aos religiosos mais tradicionais. No entanto essa não era a característica de nenhuma das freiras que nos hospedavam naquele país distante.

Enquanto tomávamos o café, eu prestava atenção nas conversas paralelas que dominavam a mesa, e ao mesmo tempo nas tantas respostas que precisava encontrar no país. Não era fácil estar lá, e era preciso que eu tomasse decisões rápidas e determinantes para a minha própria experiência de vida. A primeira estava diante das minhas mãos, prestes a ser tomada.

"Klek.... Hummm. Não é tão ruim assim...", afirmei, diante do olhar atento e curioso de todos, ao dar a primeira mordida no pão de argila haitiano. "É... sem gosto na verdade. Parece que comi... papel", declarei, arrancando sorrisos de todos que estavam na mesa.

No Haiti, o popular pão muitas vezes só de terra, é batizado de "kabichá". Em minhas longas preparações para o primeiro desembarque ao Haiti, li várias reportagens em que meus colegas jornalistas, tanto brasileiros quanto estrangeiros, contavam sobre o pão de argila que os haitianos usavam como alimento rápido e barato. Nenhum, contudo, explicou como era o sabor daquela "iguaria" caribenha, "assada" sob o sol forte, geralmente no chão. Naquela manhã de sol intenso, depois de ter acompanhado a produção de perto, eu estava experimentando o famoso kabichá (também conhecido como "argile"), que é quase como um símbolo da pobreza haitiana.

Sai inteira daquela experiência, ao menos no momento. Duas semanas depois, voltei para casa, no Brasil, com uma infecção intestinal que resultou em quatro quilos a menos. Teria sido do pão de argila? Não creio. Avalio que foi uma composição de diferentes fatores, especialmente relacionado à água sem tratamento que consumíamos.

Sobre o pão de argila, é extremamente verdade o que afirmei: não é tão ruim assim. Também não posso dizer que serviu para matar a fome. Em um país tão pobre quanto o Haiti, o simples fato de mastigar algo serve como consolo ilusório para aqueles que nada têm.

Enquanto mastigava cuidadosamente o kabichá, só conseguia pensar que o pão feito de terra deve mesmo ter alguma propriedade nutricional. Era como se as dificuldades enfrentadas por eles se dissolvessem diante de um falso pão com algumas doses de farinha e algumas vezes, manteiga.

No entanto...voltemos ao kabichá...

Depois das risadas diante do experimento que fiz, o café se estendeu, com os pães na mesa sendo, um a um, mastigados pelos que se animaram a provar (não lembro se mais algum dos visitantes provou), já que saboreados não seria bem o verbo mais adequado para aquele café acompanhado de argila. Eu sabia que precisava me alimentar com o que tinha disponível no momento. O café poderia ser a única refeição por horas naquele dia. No Haiti nunca é possível prever quando será a próxima alimentação. Por isso, é preciso aproveitar a comida quando se tem, no momento em que ela está disponível.

Vale ressaltar que o pão de argila, o chamado paim, como já falei antes, é usado apenas pelas camadas mais pobres da população. Minha prova se deu mais por curiosidade e, claro, ajuda das freiras, que me fizeram chegar ao local certo.

A freira Lorena Barbosa (à esquerda), que nos recepcionou no aeroporto em Jérémie. Foto: Autor desconhecido

Mulher haitiana preparando o pão de argila. Foto: Thony Belizare/AFP

Do cabrito ao rato

O sabor do pão de argila comprado por poucas moedas pela freira, e que foi servido naquela manhã como um dos pratos principais do nosso primeiro café no Haiti é bem diferente dos pães caseiros da cozinha italiana. Crescido à base dos fermentos de batata, típico das receitas das "nonas", é dele que Adorema lembrava quando perguntada sobre o que tinha saudade de sua infância.

"Aquele cheirinho de pão caseiro que impregna na casa toda. Bate tanta saudade", afirmou, pensativa.

Ainda quando criança, a religiosa aprendeu o valor de degustar uma boa da alimentação. Herança da família de descendentes de italianos que ela deixou em Faxinal do Soturno, cidade gaúcha pertencente à Quarta Colônia de Imigração Italiana, na região central do Rio Grande do Sul.

Adorema sabe que, se cuidar do que come, a saúde agradece. É essa uma das missões que a freira, graduada em Enfermagem, busca levar aos haitianos desde meados de 2006, quando se mudou para o país "de mala e cuia", como ela brinca, fazendo uso de uma expressão típica do Rio Grande do Sul.

"Cheguei para ficar um tempo, que eu não sabia quanto seria. Resultado: não quero mais sair", afirmou ela na primeira vez que estive lá. A frase se repetiu em todas as demais vezes que nos encontramos, fosse no Rio Grande do Sul ou no Haiti, como quando conversamos após ela ajudar a encontrar o corpo da médica Zilda Arns, fundadora da Pastoral da Criança, que morreu soterrada pela queda da catedral de Porto Príncipe durante o terremoto, em 2010.

Mesmo diante das calamitosas situações que enfrentaria, Adorema nunca havia hesitado em escolher pela sua permanência no país. O tempo, contudo, acabou alterando os planos das missionárias. De todas, apenas Neuza Lovis resistiu aos problemas e se manteve em terras haitianas.

Enquanto esteve lá, Adorema percebeu que sua tarefa em terras caribenhas era tão complexa quanto necessária. A busca por uma alimentação saudável em uma terra em que a cor cinzenta do desmatamento sobe a montanha, degenerando a paisagem e dificultando a criação de animais, não é nada simples.

A cabra é uma exceção entre os animais que servem como fonte de proteína na reduzida dieta haitiana. O animal se cria na montanha desmatada e alimenta-se na rua. Na própria alameda onde cresce, também é morto e cortado aos pedaços. A cena é chocante para quem vê pela primeira vez. O sangue dos animais, quando retirado, mancha as vias públicas, colorindo as calçadas próximas aos "marchés" de um vermelho tão mórbido quanto a falta de esperança de muitos haitianos em ver um futuro com menos sofrimento. O sangue serve para alimentar os animais que ali estão, especialmente cachorros, gatos e ratos, que disputam cada espaço. Na carne exposta e à venda por preciosos Gourdens, insetos diversos fazem a festa e escurecem os pedaços, produzindo um zumbido ensurdecedor.

Acima de qualquer especificação sanitária, a maior das preocupações da maioria dos haitianos é ter do que se alimentar.

As dificuldades de alimentação vieram-me de imediato à mente em uma noite em que saíamos para jantar no Haiti. Ricardo, que já havia estado em várias ocasiões no país, conhecia cada um dos locais onde era possível se comer "uma bela lagosta e beber um bom vinho" em tão sofrido solo. Aquela noite tinha a presença de um professor amigo dele, que se deleitava degustando a escolha. "Belas lagostas. Só no Haiti conseguimos comer lagostas tão grandes assim, a preços tão acessíveis", dizia ele.

A forma como aquele Doutor se deliciava, à meia luz de um pequeno restaurante iluminado por velas, servido por negras haitianas que mais pareciam suas escravas, deixou-me sem fome. Pelo olhar, conhecia o desconforto de Ricardo, que, apesar de ser adeptos dos bons prazeres da vida, não aceitava a forma como seu colega de estudos tratava o povo haitiano, uma espécie de escória da sociedade mundial.

Bastaram-me 12 dias no Haiti para perceber que a falta de condições leva o haitiano a comer e viver como um ser primitivo e se submeter aos mais cruéis serviços, sejam sexuais ou escravos, em busca de alimento. É tudo próximo demais de seus antepassados, do tempo em que o escravo era a classe social predominante do país.

A independência política proclamada em 1804 não trouxe os frutos esperados e, passados mais de 200 anos, o Haiti é um maior de independência fictícia A cada ano, depende dos países mais desenvolvidos econômica e culturalmente para sobreviver. É dessa situação que a Igreja também faz uso.

A maioria da população haitiana vive às margens da sociedade mundial, sendo explorada sem piedade como nos tempos da escravidão. Nas ruas muitos mendigam moedas, aceitando o uso de seus corpos em troca de um prato de comida. Outros vendem sobras do que a população mais desenvolvida descarta. Roupas e calçados doados tomam os muros da capital haitiana, ao lado de carnes de cabra, peixes fritos e pão, inclusive os feitos de barro.

A estrutura está espalhada por todos os bairros, como um grande e improvisado comércio. As doações chegam ao Haiti como resultado de campanhas feitas em países como o Canadá e os Estados Unidos. Não deixam de ser os descartes daqueles que vivem em melhores condições. Alguns itens, porém, nunca foram usados. As etiquetas são facilmente visualizadas. Chegam ao pobre país com rótulo de ajuda humanitária.

"No Haiti, o povo aceita tudo. Tudo é bem-vindo", afirmou Lorena, que depois finalizou: "Um real, no Brasil, pode não fazer muita diferença, mas aqui vale muito. Se todos pudessem doar um real, o povo estaria muito melhor".

Carne de cabra e outras são vendidas nas ruas de Porto Príncipe.
Foto: Fernando Ramos

2

EM NOME DA MÃE

Sabor dos anos
Ano vai ao ar
Miséria, dor, choro
E os projetos erram no medo
São os males da hora.
A vida não está feita em ferro
Pensa!
Para que não esteja inferno
Antes de deixar esta terra.
Inferno no ar
Miséria, choro, dor
E as fraquezas atiçam seu ardor
Oração é a única panaceia.
A vida não está feita em ferro
Pensa!
Antes de deixar esta terra
Para que não esteja inferno.

Rei Seely (1987-)
Imigrante haitiano no Brasil

Marcas da turbulência

O mar estava agitado naquela noite de julho de 1994. Sob o céu estrelado, a brisa fria da morte enamorava a todos que se apertavam nos braços do pequeno Jonas. Os gritos inevitáveis de desespero se perdiam no barulho das ondas e vinham especialmente das crianças, que temiam o breu. Não havia aconchego materno que as acalmasse, e nenhum tipo de proteção em caso de naufrágio. As ondas encharcavam a todos que se apertavam na limitada embarcação, em uma tentativa insana de cruzar as águas caribenhas e deixar o Haiti apenas como uma lembrança distante. Diante do desespero da fuga, Jonas era como uma representação divina.

"Até onde eu via água e terra, mesmo que de longe, estava tranquila. Mas quando eu não vi mais nada eu disse: 'Senhor, eu estou entregue ao Senhor. Eu não sei nadar! Avisei que se acontecesse algo, me deixassem morrer e fossem embora para contar a história", recordou-me Santina Perin, como se estivesse narrando um pesadelo que tivera na noite anterior.

Seu corpo franzino, em pouco mais de 1,50 metro de altura, é um esconderijo para a força que a impulsiona e que logo me arrematou de vez. Não lembro exatamente o dia em que tivemos essa conversa, mas foi durante um café da manhã no Projeto Regional de Educação e Desenvolvimento (PRED), ligado à Cáritas Diocesana, da Igreja Católica. Degustávamos omeletes com pimenta e café preto, quando Santina começou a desnodoar parte de sua vida a mim, uma ainda então desconhecida. Não demorou muito para que a conversa fosse tomada pelos detalhes daquele momento em que Jonas dava início à sua trajetória. Eu era apenas ouvidos.

Como se estivesse mergulhada em um processo de regressão, Santina precisou de apenas alguns minutos para remontar a imagem à sua cabeça. Era noite de 21 de julho de 1994, quando a embarcação – que lembrava uma folha retorcida entregue por uma vizinha haitiana – fora colocada em águas caribenhas. Não era aquele um barco qualquer. Era o Jonas, a embarcação que ganharia os holofotes mundiais[3] com o objetivo de difundir para o mundo o colapso político e social em que vivia o povo haitiano naquele período.

Aclarado pela luz da lua, o barco, que tinha espaço para apenas 35 haitianos, transportava 69 pessoas. Eram adultos, homens e mulheres, além de crianças e bebês recém-nascidos, todos acolhidos pelos braços do Jonas.

Santina lembra exatamente da reação de todos que ali estavam naquele momento. Sua narrativa era quase um filme, recheado de emoção, até mesmo com direito ao barulho das ondas.

"Todos estavam temerosos, com receio da morte, mas nem por isso, menos esperançosos", afirmou.

As pausas eram uma constante em suas lembranças. Com o respeito de quem espera o tempo exato para extrair o melhor do seu entrevistado, deixei Santina se perder em suas memórias e em sua respiração profunda. Sabia que qualquer interrupção, naquele momento, poderia me trazer uma história menos deleitosa do que, de fato, eu confiava, com extrema segurança, que a freira iria me proporcionar.

"Eles estavam afogados nas mesmas angústias, e navegavam em busca de um local onde a alimentação não fosse

---

3. https://www1.folha.uol.com.br/fsp/mundo/ft2702200507.htm - acessado em 23/07/11.

tão escassa, onde o emprego pudesse ser uma realidade, onde o povo pudesse viver com menos sofrimento do que no Haiti, tão machucado social e economicamente", recordou.

Aos 48 anos, Santina, junto aos padres franciscanos Raymond Mailhiot e Dempsey Loarca, fora responsável pelo planejamento detalhado da fuga dos haitianos, que acabou frustrada após 10 horas em alto mar. A bagagem dela e dos padres que embarcaram no Jonas era a mínima necessária: um lençol, uma peça de roupa para cada e 15 litros de água, dividida em três vasilhas.

Para ingressarem no barco, todos os passageiros pagaram o equivalente a 70 dólares pela passagem. O valor englobava os custos de combustível e materiais usados para a construção do barco, que foi montado no pátio da casa das religiosas, no bairro Karakoly, o mesmo local onde fiquei hospedada.

"E vocês, religiosos, pagaram para entrar no Jonas?", questionei.

"Sim, todos nós pagamos. Até para nós era muito dinheiro. US$ 70 é sempre uma fortuna. Passe o tempo que for, é sempre uma fortuna", afirmou a freira, que completou: "Muitos dos que estavam ali não tinham o recurso, e as discussões antes da viagem tornavam o clima ainda mais tenso. Para parte dos haitianos, talvez aquele fosse o dinheiro guardado de uma vida toda".

Nas recordações de Santina, o Jonas concentrava, em poucos tripulantes, os dois extremos do povo haitiano: a miséria de um lado, de quem tem a fome como companhia; e a esperança de outro, daqueles que almejavam que o visualizar de novas terras pudesse representar uma vida de menos sofrimento.

Foi um sonho curto. O que fez Santina chorar, em vários momentos da conversa que tivemos. As lágrimas vieram incontidas especialmente quando ela abriu uma caixa e mostrou as fotos do barco e da prisão em Guantánamo, em Cuba, para onde foi levada.

"Todas as congregações religiosas nos admiram pelo que fazemos, mas nenhuma tem coragem de fazer o que fazemos", afirmou, diante de um gole de café e um silêncio que durou alguns segundos. "Não é fácil estar aqui, saber o que povo passa, o que fazem com eles e lutar contra tudo isso".

Santina foi a primeira das religiosas brasileiras a chegar ao Haiti, ao lado de Davina Cardoso. Era 1987, mesmo ano em que o parlamento haitiano aprovara a Constituição do país. Nos períodos que se seguiram, o colapso político e social tomou contornos impetuosos. A situação complicou-se em 1994, diante de um Golpe de Estado e da decisão do Conselho de Segurança das Nações Unidas (ONU) de realizar uma intervenção militar no país.

Os meses avançaram e as pressões políticas sofridas pela dupla de freiras, ao invés de as afastarem do país caribenho, só serviram para motivar as brasileiras a ficarem por lá.

Para além de pregar o catolicismo, as religiosas tinham consciência de que o compromisso delas no país era social e muitas vezes representava enfrentar a própria Santa Sé, já que nem sempre concordaram com a forma como a Igreja usa o Haiti para esconder suas mazelas e ampliar seus espaços de catequização, esmagando, com o poder financeiro, culturas milenares, em especial o vodu.

As diferentes ameaças que sofrerem são extremamente doloridas e deixaram marcas profundas. Até os dias de hoje, nenhuma delas consegue falar sobre o assunto sem que os olhos fiquem marejados e a voz trêmula. "Fomos muito ameaçadas, mas Deus nos protegeu", disse Santina.

A Congregação do Imaculado Coração de Maria, ao lado da ordem Franciscana, é das mais atuantes em terras haitianas quando o assunto é educação. Na época da tentativa de fuga, a congregação dos padres Franciscanos tinha sob sua responsabilidade mais de 10 escolas apenas na região de atuação das freiras, além de centros comunitários para a formação e atuação de líderes.

Na região de Jérémie, onde as freiras brasileiras atuavam, não há registros que datem daquela época do Jonas que envolvam padres da Congregação Franciscana em casos de abusos sexuais contra haitianos, como existem especialmente na região de Porto Príncipe. Não acredito que, se houvesse suspeita contra eles, as freiras tivessem aceitado ajuda. Para Santina a única questão em relação à proximidade com os padres era a necessidade de apoio para auxiliar o grupo de haitianos.

Retornando à história do Jonas, o resgate do grupo em alto-mar durou pouco mais de duas horas. Todos os passageiros foram colocados em uma embarcação com bandeira norte-americana. As mulheres ganharam mamadeiras com leite morno para seus bebês, além de roupas limpas e fraldas.

Santina, ainda receosa, foi surpreendida pela recepção de um americano, que falou que havia alguém à procura da religiosa. Ao saber da fuga de Santina, a Embaixada do Brasil em Porto Príncipe fez o comunicado e alertou a Embaixada Norte Americana. Era o começo de uma divulgação mundial que nem mesmo a religiosa imaginou que pudesse acontecer. Muito mais ainda estaria por vir.

"Nossa viagem em alto-mar sob o comando americano ainda durou mais 16 horas. O destino final eu só soube no caminho. Iria, junto aos padres e os demais haitianos, para a base americana de Guantánamo, em Cuba", relatou a freira.

Surpresa maior teve a religiosa ao desembarcar. Guantánamo abrigava, naquele momento, mais de 16 mil refugiados do pobre país caribenho, instalados em barracas. Todos aguardavam em Guantánamo um posicionamento do governo americano. A dúvida era: aceitar os haitianos ou devolvê-los a seu país.

Aos religiosos, a situação não era muito diferente. Sem os documentos necessários para ingressar nos Estados Unidos, restava a eles duas opções: voltarem ao Haiti ou retornarem a seu país de origem, no caso de Santina, o Brasil, onde poderia dar entrada na documentação necessária para o ingresso em terras norte-americanas. Santina não hesitou e decidiu voltar ao Haiti. Antes, porém, ainda tinha uma missão a cumprir. Passou três dias caminhando pela base de Guantánamo recolhendo cartas dos haitianos ali detidos para suas famílias.

"Eram muitas pessoas, de todas as idades, que não tinham notícias da família e nem mesmo a família sabia que eles estavam presos. Muitos provavelmente pensavam que os familiares haviam morrido na fuga, enquanto eles estavam lá, presos em uma ilha", recordou a freira, falando pausadamente como quem estivesse lendo um livro e analisando o contexto. Nas mãos, erguia uma xícara de café, constante presença durante as horas que gostava de falar sobre a vida e a missão do pequeno Jonas.

"Eu estive em cada uma das celas, conversei com o máximo de pessoas que pude e recolhi todas as cartas que eles mandaram aos familiares. Queria ajudar a levar notícias para os seus entes", contou.

No dia da partida de Guantánamo, porém, houve uma mudança de planos. Ao contrário do que esperavam Santina e os religiosos, eles não puderam voltar ao país caribenho. Se voltassem ao Haiti, os militares do Exército Nacional não se responsabilizariam por incidentes que poderiam acontecer. Era praticamente uma sentença de morte.

Santina (de branco) e os dois padres que estavam com ela no barco, presos na base militar de Guantánamo Foto: Arquivo pessoal

Sem poder retornar ao Haiti naquele momento, restou à religiosa os Estados Unidos. O caminho foi Miami, onde Santina ficou de 1º de agosto a 16 de setembro de 1994, quando retornou ao Brasil. A missionária só conseguiu voltar ao país caribenho em março de 1995. Até deixar definitivamente o Haiti no final de 2009 – saía apenas uma vez a cada dois anos para visitar os familiares no interior do Rio Grande do Sul. No Haiti, Santina viveu 22 anos sem receber a visita de familiares ou amigos. Sua vida foram os haitianos.

Foto da tripulação no barco que tentou deixar o Haiti. Todos ficaram presos na base militar de Guantánamo. Foto: Arquivo pessoal

Teologia da Libertação em xeque

O processo de expansão da Igreja Católica em território haitiano foi uma missão desenvolvida de forma diferenciada em cada uma das dezenas de congregações que no país se instalaram desde a chegada dos primeiros missionários católicos, entre os anos 1860 e 1890. Sediados em diferentes regiões do país, cada uma das coletividades tem objetivos específicos na missão única de difundir o catolicismo em um território onde o Vodu é considerado um problema a ser enfrentado pela Igreja Católica.

Não é diferente a missão das religiosas brasileiras do Imaculado Coração de Maria em terras caribenhas. A tarefa delas apenas soma-se às demais, embora possua características diferenciadas, especialmente na condução dos trabalhos junto à comunidade.

Adeptas da Teologia da Libertação, a corrente criada por meio do Concílio do Vaticano II nos anos de 1960, que parte da premissa de que o Evangelho tem opção preferencial pelos mais necessitados, as religiosas focam seus trabalhos nas prioridades e no bem-estar do povo haitiano. Isso as diferencia de outras congregações, especialmente masculinas, em que o conforto do clérigo é colocado acima de qualquer questão moral e política, interferindo diretamente nas condições do povo haitiano, usando-se especificamente de suas fraquezas.

Apesar da forte atuação registrada, a chegada das religiosas brasileiras deu-se de forma retardatária em relação a outras congregações que no Haiti já estavam instaladas.

A partir de 1940[4], uma série de convenções foi estabelecida entre o Estado Haitiano e a Igreja Católica, regulamentando a chegada dos religiosos no país. As primeiras a desembarcarem por lá foram as Missionárias Ombreiras do Imaculado Coração de Maria, que se instalaram em 1947. Em 1948, chegou a Congregação de Santa Cruz, formada por padres. As religiosas do Imaculado Coração de Maria só se instalaram no Haiti a partir de 1987, a pedido do bispo de Jérémie, Joseph Willy Romélus, que, naquele ano, completou uma década no comando da diocese da cidade localizada a cerca de 280 quilômetros da capital haitiana, Porto Príncipe.

---

4. L'État et l1Eglise Catholique em Haiti aux XIX e XX Siécles (1860-1980). Kawas François, S.J.Imprimerie Hneri Deschamps, 2006

A escolha de Romélus pela Congregação do Imaculado Coração de Maria se deu pelas características do trabalho desenvolvido pelas religiosas brasileiras, voltado especialmente para as crianças e para as mulheres, áreas até então debilitadas de atendimento naquela região do país. A opção foi também estratégica, já que Romélus[5] não queria que, em sua comunidade, a educação das crianças fosse entregue para as congregações masculinas.

Enquanto fora do interior as coletividades de padres se espalhavam de forma rápida no atendimento às crianças, algumas delas, com seus representantes preocupados em satisfazer seus prazeres acima de qualquer regra religiosa ou moral, o bispo de Jérémie tomou medidas para evitar problemas como eles em sua região. Por esse motivo, o presbítero optou pelas freiras. O resultado foi que, até os dias mais recentes, não havia denúncias públicas de casos que envolvam abusos sexuais na região em que o bispo Romélus comandou a chegada das congregações. Em Jérémie, são as mulheres da Igreja que seguem dominando o trabalho da educação de crianças e jovens.

Homem de sorriso fácil, de fala pausada e de frases muito bem elaboradas, Willy Romélus, com 72 anos no ano em que conversei pessoalmente com ele, costumava receber seus visitantes na casa paroquial, em pleno centro de Jérémie, entre dezenas de livros que contam parte da história do país. Foi exatamente nesse local que o encontrei para uma conversa, que durou mais de uma hora, no final da uma tarde de temperatura muito elevada.

Até poucos minutos antes da entrevista, eu estava bastante temerosa, com receio de que o bispo só conversasse

---

5. Willy Romélus, L'Évêque-courage. Paul Dejean. Éditions Hurtubise, 1995

em francês, língua que eu não domino. Porém seu inglês pausado, carregado de sotaque, foi um alívio imediato que me arrancou um sorriso tímido de satisfação tão logo o vi, naquele que foi nosso primeiro e único encontro. Quis abraçá-lo sem tardar. E assim fui retribuída. Em uma sala pouco iluminada, cercada por livros, especialmente os de política e de pensadores diversos – onde as obras de Karl Marx detiveram minha atenção – Romélus era rara cultura originária e preservada em terras tão ásperas quanto aquela em que estávamos.

"Seja bem-vinda, minha filha. Entre e fique à vontade. A minha casa é a casa dos meus amigos", afirmou logo que cheguei.

A passos lentos, Romélus apontou-me onde sentar e logo se dirigiu para sua cadeira, que ficava atrás de uma mesa talhada em madeira pura. Ali, pequenas bandeiras do Haiti dividiam espaço com outros objetos, cada um com a sua determinada importância na história do bispo, que até baleado foi por opositores do ex-presidente haitiano e ex--padre Jean Bertrand Aristides, de quem sempre foi defensor.

A vida no enfraquecido solo caribenho ensinou Romélus a valorizar cada um dos pequenos gestos demonstrados por quem entra em sua sala, como uma espécie de tijolo necessário para construir sua obra no país onde nasceu e decidiu viver. Nem que, para isso, fosse preciso cimentar a muito suor, e não raras divergências suas posições, que muitas vezes já estiveram de encontro ao que é pregado pela própria Igreja Católica, berço de sua formação.

Indicado para o Prêmio Nobel da Paz em 1992 por sua defesa em prol do povo haitiano, resultado de sua proximidade com a Teologia da Libertação, e rotulado de comunista pelos próprios companheiros religiosos e pelos opositores, Romélus não se intimida no momento de emitir suas opiniões, mesmo que para isso precise criticar as atitudes tradicionais da própria Igreja, que ele defendeu ao longo da sua vida. Exemplos de suas observações não faltam à memória do bispo. Algumas, inclusive, ligadas diretamente ao comportamento do Vaticano ao receber seus visitantes. Das considerações do presbítero não escapou nem mesmo a forma como ele foi abrigado em uma rápida visita que fez ao Vaticano, na única vez em que estivera diante de um Papa. "A gente entra lá (na sala do Papa) e já estão batendo foto. Mesmo sem pedir. Ai, quando saímos, falam o preço das fotos. Não tem como não pagar. É a forma de termos uma lembrança com o Papa. Isso é constrangedor", contou o bispo Romélus, relembrando sua primeira e efêmera, como ele mesmo ressaltou, audiência com o então Papa Bento XVI, no começo do mês de março de 2008, exatamente três meses depois de o Papa ter nomeado, como representante da Santa Sé no Haiti, Jozef Wesolowski, um conterrâneo polonês de João Paulo II, responsável por deixar dolorosas e irrecuperáveis feridas abertas na vida de crianças e jovens haitianos que cruzaram seu caminho.

Romélus não quis entrar em detalhes sobre a conversa que teve com o Papa – e não o questionei sobre Jozef Wesolowski, devido ao fato de, na época, eu ainda não saber de seus crimes (como irei mostrar em breve) –, mas é possível que a recepção não muito calorosa que Romélus teve de Bento XVI no Vaticano tenha se dado mais por convicções políticas do que pela falta de tempo diante da agenda disputada do Pontífice. Bento XVI, considerado um dos mais conservadores líderes da Igreja Católica, sempre foi um forte crítico da Teologia da Libertação. Quando ainda como Sacerdote Prefeito do Vaticano, em 1984, Joseph Ratzinger, que posteriormente assumiria como Bento XVI, foi responsável pela publicação de um documento da Sagrada Congregação para a Doutrina da Fé em que expôs parte de suas desavenças à Teologia da Libertação, que naquela época começava a traçar seus espaços[6].

"A alguns parece até que a luta necessária para obter justiça e liberdade humanas, entendidas no sentido econômico e político, constitua o essencial e a totalidade da salvação. Para esses, o Evangelho se reduz a um evangelho puramente terrestre", escreveu o ainda Prefeito de Roma, em documento publicado em 1984, ao criticar as posições defendidas pelos seguidores da corrente teológica.

Embora fosse conhecedor das divergências do Papa quanto à doutrina da Teologia da Libertação, a luta de Romélus ia além da expansão do Evangelho em solo haitiano: ele buscava por melhores condições para o povo como um todo. Bispo de posições políticas definidas, o prelado atribui o precário desenvolvimento do Haiti e toda a sua situação trágica aos sucessivos golpes de Estado que se revezaram no decorrer dos anos no território caribenho, o que vinha diretamente de encontro ao que Bento XVI pregava, uma vez que a Igreja Católica sempre esteve fortemente presente em todas as questões políticas haitianas.

Enquanto Romélus acusava os Estados Unidos de estarem por trás de todos os golpes de Estado e pela conse-

---

6. http://www.vatican.va/roman_curia/congregations/cfaith/documents/rc_con_cfaith_doc_19840806_theology-liberation_po.html

quente falta de desenvolvimento nos diversos setores, Bento XVI defendia a atuação das nações mais ricas em auxílio aos mais debilitados.

"Por causa desse pressuposto classista, torna-se extremamente difícil, para não dizer impossível, conseguir com alguns 'teólogos da libertação' um verdadeiro diálogo, no qual o interlocutor seja ouvido e seus argumentos sejam discutidos objetivamente e com atenção. Com efeito esses teólogos, mais ou menos conscientemente, partem do pressuposto de que o ponto de vista da classe oprimida e revolucionária, que seria o mesmo deles, constitui o único ponto de vista da verdade", escreveu Joseph Ratzinger, no mesmo documento publicado em 1984.

Nos últimos anos, contudo, o alvo principal das críticas de Romélus deixou, em parte, de ser os Estados Unidos e suas ações dominadoras em solo haitiano e transformou-se nas tropas da Missão das Nações Unidas para a Estabilização no Haiti (Minustah), que, na época em que conversei com o bispo, estavam no Haiti a pedido do próprio governo do país, desde 2004, sob o comando do Exército Brasileiro.

"A presença da Minustah é uma nova ocupação. A Minustah está realizando um plano que é completamente prejudicial ao Haiti. Hoje, o golpe é a presença da Minustah", afirmava, contundentemente.

Assim como Romélus, as religiosas brasileiras do Imaculado Coração de Maria também não se mostravam favoráveis à presença da Minustah, apesar de não omitirem opiniões tão polêmicas quanto às que eram feitas pelo bispo no momento em que falavam sobre a atuação militar no Haiti. De forma indireta, as missionárias acabaram se beneficiado, em parte, da atuação militar, até mesmo para facilitar um pouco mais a já complicada permanência em terras caribenhas. A água que saia das raras torneiras disponíveis na casa das religiosas, em Jérémie por exemplo, só era possível devido ao abastecimento feito pelo carro-pipa da Minustah, que a cada dois meses ia até a casa das religiosas encher a caixa d´água do precioso líquido. A própria alimentação em momentos de colapso, como as que o Haiti enfrentou com uma série de fortes tempestades em meados de 2008, só chegou até as religiosas por meio das tropas militares. Não foi diferente quando ocorreu o terremoto em janeiro de 2010.

Para permanecerem no Haiti e desenvolverem seus trabalhos, as missionárias apreenderam, no decorrer dos anos, que medir as palavras que falam diante da população por elas atendidas é tarefa fundamental, sobretudo, quando o assunto em questão é a conturbada política social haitiana.

A distância geográfica que o Haiti se encontra da sede do catolicismo, em Roma, também é outro ponto que acaba contando de forma positiva para o desenvolvimento do trabalho das religiosas e do próprio bispo, mas também é usado pelos que querem esconder as mazelas da Igreja, como um recurso para a manutenção de diferentes tipos de irregularidades, nas quais eu me detenho na questão da exploração sexual. Apesar de seguirem as doutrinas católicas, as freiras do Imaculado Coração de Maria alegam que respeitar determinadas culturas do povo é de fundamental importância para que consigam, ao menos, manter-se em terras que tradicionalmente vivem as consequências dos mais diversos colapsos. Só assim as missionárias conseguem atingir, ao menos em parte, seus objetivos básicos de instalação no Haiti. Respeitar o Vodu é um exemplo disso para elas.

Diante dessa realidade, as aulas de português ministradas pela freira Lorena Barbosa, em Jérémie, por exemplo, não restringiam a participação de pessoas de outras religiões, nem mesmo daquelas que se declaravam adeptas do Vodu. A cooperativa criada pelas religiosas, também em Jérémie, não proibia a participação de famílias que ajudavam a engrossar as tristes estatísticas dos restavésks, as crianças escravas que se multiplicam pelos diferentes lados do país.

Somente estando perto de pessoas que desenvolvem essas culturas, recriminadas pela Igreja Católica, as religiosas acreditavam que conseguiriam, ao menos em parte, desenvolver a missão a que se propunham quando aceitaram o convite para atuar no Haiti. As formas que encontraram para atingir seus propósitos não são completamente aceitas pela igreja, ou, talvez, até certo ponto tenham sido ignoradas, a fim de evitar possíveis conflitos. Santina Perin sabia bem encontrar as palavras certas para explicar a situação:

"Todas as pessoas que quiserem progredir podem participar dos nossos grupos. De todas as igrejas e religiões", afirmou.

"Mas, e a igreja? Como aceita a forma de vocês atuarem?"

"A nossa Igreja sabe que temos outra forma de fazer catolicismo. Seguimos a linha da Teologia da Libertação. Desde que a Igreja nunca nos critique, não cutucamos eles com vara curta", afirmou, com um sorriso no rosto que não consegui definir se estava se referindo aos haitianos ou à Igreja.

Como bem disse Albert Tévoédiré em seu livro *A Pobreza, riqueza dos Povos: A transformação da solidariedade* (Vozes, 2002), as condições preliminares para uma cooperação autêntica, para o estabelecimento e a execução de um contrato de solidariedade são bastante conhecidas. Elas se resumem no seguinte: respeito para com o outro, para com sua pessoa, sua opinião e sua cultura (p.151). Disso, Santina sabia bem.

Sendo religiosas de posicionamentos, como Santina conclui posteriormente, mais flexíveis, as brasileiras do Imaculado Coração de Maria tiveram de aprender que, em um país como o Haiti, até mesmo determinadas regras impostas pela Igreja Católica precisam passar por um processo de adaptação, sob pena de ficarem obsoletas e jamais serem assimiladas pela sociedade que queriam e precisavam atingir. Nem mesmo os tradicionais hábitos, roupas características das diferentes congregações, eram usados pelas brasileiras em solo haitiano. As freiras da Congregação Imaculado Coração de Maria primavam pelo uso da saia, mas sabiam que essa vestimenta não poderia ser usada em algumas ocasiões, e a calça acabava sendo uma grande aliada na hora de caminhar longas distâncias em busca das comunidades. O único momento em que a saia se tornava indispensável era na hora da missa, que, não raras vezes, chegavam a ultrapassar cinco horas de duração, especialmente em dias festivos, como as que são celebradas na Sexta-Feira Santa e que pude acompanhar.

Para participar das celebrações, tanto as religiosas quanto as demais mulheres da comunidade precisam estar vestindo saia, ou vestido, com parte dos braços cobertos, sob pena de não receberam a hóstia das mãos do padre ou do bispo que estiver conduzindo a celebração. Uma punição dolorida para quem segue as regras do catolicismo e que acredita que comungar é um caminho para chegar até o céu. Por via das dúvidas, em todas as missas que acompanhei no Haiti, sempre estive com um casaco a cobrir os braços.

Em local tão controverso, como o Haiti, também chamado carinhosamente de "Pérola das Antilhas", era melhor não descumprir orientações dos anfitriões.

Bispo Willy Romélus em seu gabinete, em Jérémie. Ao fundo, na prateleira, é possível ver a foto do Bispo ao lado do Papa Bento XVI, na única audiência que teve com o Papa. Foto: Fernando Ramos

Abaixo, o trecho final da carta escrita pelo Papa Bento XVI, em 1984, com suas posições contrárias à Teologia da Libertação. Na época, ele era prefeito da cidade do Vaticano.

CONCLUSÃO

As palavras de Paulo VI, na *Profissão de fé do povo de Deus*, exprimem, com meridiana clareza, a fé da Igreja, da qual ninguém pode afastar-se sem provocar, juntamente com a ruína espiritual, novas misérias e novas escravidões.

« Nós professamos que o Reino de Deus iniciado aqui na terra, na Igreja de Cristo, não é deste mundo, cuja figura passa, e que seu crescimento próprio não se pode confundir com o progresso da civilização, da ciência ou da técnica humanas, mas consiste em conhecer cada vez mais profundamente as insondáveis riquezas de Cristo, em esperar cada vez mais corajosamente os bens eternos, em responder cada vez mais ardentemente ao amor de Deus e em difundir cada vez mais amplamente a graça e a santidade entre os homens. Mas é este mesmo amor que leva a Igreja a preocupar-se constantemente com o bem temporal dos homens. Não cessando de lembrar a seus filhos que eles não têm aqui na terra uma morada permanente, anima-os também a contribuir, cada qual segundo a sua vocação e os meios de que dispõem, para o bem de sua cidade terrestre, a promover a justiça, a paz e a fraternidade entre os homens, a prodigalizar-se na ajuda aos irmãos, sobretudo aos mais pobres e mais infelizes. A intensa solicitude da Igreja, esposa de Cristo, pelas necessidades dos homens, suas alegrias e esperanças, seus sofrimentos e seus esforços, nada mais é do que seu grande desejo de lhes estar presente para os iluminar com a luz de Cristo e reuni-los todos nele, seu único Salvador. Esta solicitude não pode, em hipótese alguma, comportar que a própria Igreja se conforme às coisas deste mundo, nem que diminua o ardor da espera pelo seu Senhor e pelo Reino eterno ».[35]

O Sumo Pontífice João Paulo II, no decorrer de uma Audiência concedida ao Cardeal Prefeito que subscreve este documento, aprovou a presente Instrução, deliberada em reunião ordinária da Sagrada Congregação para a Doutrina da Fé, e ordenou que a mesma fosse publicada.

Roma, Sede da Sagrada Congregação para a Doutrina da Fé, 6 de Agosto de 1984, na Festa da Transfiguração do Senhor.

Joseph Card. Ratzinger
Prefeito

SB Alberto Bovone
Arcebispo tit. de Cesárea de Numidia

[BE · CS · DE · EN · ES · FR · IT · HU · LA · PT · SW · ZH]

DECLARAÇÃO
GRAVISSIMUM EDUCATIONIS
SOBRE A EDUCAÇÃO CRISTÃ

PROÉMIO

Importância e actualidade

O sagrado Concílio Ecuménico considerou atentamente a gravíssima importância da educação na vida do homem e a sua influência cada vez maior no progresso social do nosso tempo(1). Na verdade, a educação dos jovens, e até uma certa formação continuada dos adultos torna-se, nas circunstâncias actuais, não só mais fácil mas também mais urgente. Com efeito, os homens, mais plenamente conscientes da própria dignidade e do próprio dever, anseiam por tomar parte cada vez mais activamente na vida social , sobretudo, na vida económica e política (2); os admiráveis progressos da técnica e da investigação científica e os novos meios de comunicação social dão aos homens a oportunidade de, gozando por vezes de mais tempo livre, conseguirem mais facilmente a cultura intelectual e moral e de mútuamente se aperfeiçoarem, mercê dos laços de união mais estreitos quer com os grupos quer mesmo com os povos.

Por isso, em toda a parte se fazem esforços para promover cada vez mais a educação; declaram-se e registam-se em documentos públicos os direitos fundamentais dos homens e, em particular, dos filhos e dos pais, relativos à educação (3); com o aumento crescente do número de alunos, multiplicam-se e aperfeiçoam-se as escolas e fundam-se outros centros de educação; cultivam-se, com novas experiências, os métodos de educação e de instrução; realizam-se grandes esforços para que tais métodos estejam à disposição de todos os homens, embora muitas crianças e jovens ainda não possuam a formação mais elementar, e tantos outros carecam de educação adequada, na qual se cultivem simultâneamente a verdade e a caridade.

Visto que a santa Mãe Igreja, para realizar o mandato recebido do seu fundador, de anunciar o mistério da salvação a todos os homens e de tudo restaurar em Cristo, deve cuidar de toda a vida do homem, mesmo da terrena enquanto está relacionada com a vocação celeste (4), tem a sua parte no progresso e ampliação da educação. Por isso, o sagrado Concílio enuncia alguns princípios fundamentais sobre a educação cristã mormente nas escolas, princípios que serão depois desenvolvidos por uma Comissão especial e aplicada nos diversos lugares pelas Conferências episcopais.

Direito universal à educação

1. Todos os homens, de qualquer estirpe, condição e idade, visto gozarem da dignidade de pessoa, têm direito inalienável a uma educação (5) correspondente ao próprio fim (6), acomodada à própria índole, sexo, cultura e tradições pátrias, e, ao mesmo tempo, aberta ao consórcio fraterno com os outros povos para favorecer a verdadeira unidade e paz na terra. A verdadeira educação, porém, pretende a formação da pessoa humana em ordem ao seu fim último e, ao mesmo tempo, ao bem das sociedades de que o homem é membro e em cujas responsabilidades, uma vez adulto, tomará parte.

Por isso, é necessário que, tendo em conta os progressos da psicologia, pedagogia e didáctica, as crianças e os adolescentes sejam ajudados em ordem ao desenvolvimento harmónico das qualidades físicas, morais e intelectuais, e à aquisição gradual dum sentido mais perfeito da responsabilidade na própria vida, rectamente cultivada com esforço contínuo e levada por diante na verdadeira liberdade, vencendo os obstáculos com magnanimidade e constância. Sejam formados numa educação sexual positiva e prudente, à medida que vão crescendo. Além disso, de tal modo se preparem para tomar parte na vida social, que, devidamente munidos dos instrumentos necessários e oportunos, sejam capazes de inserir-se activamente nos vários agrupamentos da comunidade humana, se abram ao diálogo com os outros e se esforcem de boa vontade por cooperar no bem comum.

De igual modo, o sagrado Concílio declara que as, crianças e os adolescentes têm direito de serem estimulados a estimar rectamente os valores morais e a abraçá-los pessoalmente, bem como a conhecer e a amar Deus mais perfeitamente. Por isso, pede insistentemente a todos os que governam os povos ou orientam a educação, para que providenciem que a juventude nunca seja privada deste sagrado direito. Exorta, porém, os filhos da Igreja a que colaborem generosamente em todo o campo da educação, sobretudo com a intenção de que se possam estender o mais depressa possível a todos e em toda a parte os justos benefícios da educação e da instrução(7).

Natureza e fim da educação cristã

2. Todos os cristãos que, uma vez feitos nova criatura mediante a regeneração pela água e pelo Espírito Santo(8), se chamam e são de facto filhos de Deus, têm direito à educação cristã. Esta procura dar não só a maturidade da pessoa humana acima descrita, mas tende principalmente a fazer com que os baptizados, enquanto são introduzidos gradualmente no conhecimento do mistério da salvação, se tornem cada vez mais conscientes do dom da fé que receberam; aprendam, principalmente na acção litúrgica, a adorar Deus Pai em espírito e verdade (cfr. *Jo*. 4,23), disponham-se a levar a própria vida segundo o homem novo em justiça e santidade de verdade (*Ef.* 4, 22-24); e assim se aproximem do homem perfeito, da idade plena de Cristo (cfr. *Ef.* 4,13) e colaborem no aumento do Corpo místico. Além disso, conscientes da sua vocação; habituem-se quer a testemunhar a esperança que neles existe (cf. 1 *Ped*. 3,15), quer a ajudar à conformação cristã do mundo, mediante a qual os valores naturais assumidos na consideração integral do homem redimido por Cristo, cooperem no bem de toda a sociedade (9). Por isso, este sagrado Concílio lembra aos pastores de almas o dever de dispor de coisas de maneira que todos os fiéis gozem desta educação cristã, sobretudo os jovens que são a esperança da Igreja (10).

Acima, o trecho do documento do Vaticano emitido em 28 de outubro de 1965, que trata da atuação dos representantes da Igreja Católica na Educação de crianças e jovens no mundo. O documento é assinado pelo Papa Paulo VI.

Sonhos nebulosos

Era noite de 26 de novembro de 1999, quando batuques de tambores e alguns fogos de artifício despertaram

Santina Perin e Davina Cardoso, que haviam se preparado para dormir ainda com o crepúsculo.

A cidade de Porto Príncipe e as principais do país estavam em festa e ninguém queria dormir. A eleição de Jean Bertrand Aristides, um defensor ferrenho da Teologia da Libertação, que retornaria ao cargo de presidente do país no ano seguinte, depois de um golpe de Estado que havia deixado profundas sequelas na população, acordou as religiosas para o sonho de aumentar a atuação dos serviços em terras haitianas.

Naquela noite de domingo, a poucos dias do primeiro ano do novo milênio abrir seu calendário, parte do povo saiu às ruas para comemorar a vitória de Aristides. Os festejos, lembravam as religiosas, marcaram o fim daquela que fora mais uma eleição tumultuada, tal como tudo que sempre envolveu a trajetória política do ex-padre.

Era a terceira vez que Aristides iria comandar o país, e defender as ideias do político sempre fora uma árdua tarefa para parte da população e até mesmo para estrangeiros que viviam por lá, ainda mais em cidades pequenas como Jérémie.

Para as freiras da congregação do Imaculado Coração de Maria, que estabeleceram residência no Haiti desde o final dos anos 1980, o caminho que traçaram em defesa do padre fora ainda símbolo de graves perseguições e ataques que elas jamais conseguiram se libertar.

Buscar as mais profundas recordações das religiosas não foi uma tarefa simples. Foram necessárias várias horas de conversa com Santina Perini e Davina Cardoso, primeiramente diante de uma cuia de chimarrão, vendo as freiras degustarem, com muito carinho, o mate que eu havia levado de presente para elas; depois, em uma longa noite que se estendeu madrugada adentro, em cadeiras colocadas ao relento para buscarmos um pouco mais de luminosidade das estrelas. Foram mais de 10 horas de entrevistas ao todo, em que as mais antigas religiosas da Congregação do Imaculado Coração de Maria no Haiti contaram com detalhes todas as adversidades e medos pelos quais passaram quando optaram em permanecer no país caribenho, após do golpe de Estado que derrubou Aristides pela primeira vez, em 1991.

As religiosas nunca esconderam a simpatia pelo religioso e por suas propostas para a política local. Assim como elas, Jean Bertrand Aristides era próximo demais do povo, e lutava constantemente por melhorias para a população, até que sua política se perdeu e acabou se invertendo a ponto de, ao invés de bem, fazer mal à população.

"O posicionamento de Aristides incomodava a elite haitiana. Ele queria trabalhar para o povo e por isso foi prejudicado", afirma Santina.

Em seu primeiro mandato, o ex-padre foi derrubado do cargo poucos meses depois de assumir o poder. Fora alvo de um golpe comandado por militares e ex-integrante do grupo denominado Tontons Macoutes[7], que eram ligados ao ditador François Duvalier, conhecido como Pap Doc. Os opositores não aceitavam as propostas de Aristides, dentre elas, a reforma agrária e a redistribuição de renda, que tinham como objetivo beneficiar a população mais pobre. No Haiti, assim como em outros países subdesenvolvidos, as elites costumam demonstrar resistência em relação ao crescimento das classes menos favorecidas, sob o temor de

---

7. Transition politique em Haiti. Jean-Claude, Marc Maesschalck. L'Harmattan,1999.

perder seus espaços. E quando a elite reclama, é o povo que afunda na miséria[8].

"Foi muito triste tudo que aconteceu. O Haiti poderia ser, com certeza, outro país", acredita fielmente a freira.

A Irmã Santina e sua colega de congregação, Davina Cardoso, conheceram Aristides em 1987, tão logo chegaram ao país da América Central. A raiz das religiosas foi instalada por lá no mesmo ano que o parlamento haitiano aprovou a Constituição do país. Um ano depois, viram o padre ser expulso da Igreja Católica por suas posições consideradas "radicais". Nos anos que se seguiram, o colapso político e social começou a tomar contornos ainda mais intensos, inflados pela entrada oficial do ex-padre no cenário político.

Quando Aristides assumiu o poder em 1991, após vencer a eleição do final do ano anterior com mais 67% dos votos válidos, as religiosas comemoraram. Porém um golpe de Estado o derrubou do cargo no mesmo ano. Apoiadores de Aristides eram mortos pelos Tontons Macoutes em vários locais do país. Muitos tinham suas cabeças expostas nas ruas, como uma forma de ameaça aos que ainda insistissem em apoiar o ex-representante da Igreja Católica em sua jornada pelo poder. As freiras tinham medo de morrer também.

"Era triste ver no que o país se transformou. Muitas pessoas que conhecíamos morreram, sem nem saber o motivo, só pelo fato de pensarem, de defenderem um país melhor, com menos desigualdade social. Era só isso que elas queriam", disse Davina, já chorando.

Diante do colapso social, as próprias freiras receavam que suas cabeças estivessem a prêmio.

---

8. A Elite do Atraso – da Escravidão à Lava Jato. Jessé Souza. Leya. Rio de Janeiro. 2017

"Os corpos dos opositores do regime ficavam expostos nas ruas para ameaçar o povo, decapitados... mutilados. Matavam na rua, sem nenhum tipo de impedimento", recordou Davina, com uma expressão de medo que jamais será capaz de abandoná-la.

"Não havia polícia para impedir a brutalidade das mortes. Cabeças eram penduradas nos postes para amedrontar quem apoiasse Aristides. As ruas se transformaram em uma carnificina", completou Santina.

"Vocês sentiram medo em algum momento?", questionei a elas, que de imediato trocaram olhares, como se perguntassem a quem caberia a resposta, se é que me responderiam.

"O país era um grande colapso, que dava medo em todos. A gente tinha medo de sair de casa e não conseguir voltar. Tinha medo de morrer. De dormir e não acordar", recordou-se Santina.

O colapso social no país se tornou ainda mais complicado em 1994, pouco antes de Aristides reassumir o cargo de presidente da República. Foi então que as religiosas tomaram uma decisão conjunta com os responsáveis pela igreja Católica no país: permanecer no Haiti e seguir o trabalho de evangelização.

Começava, a partir de então, uma série de dificuldades que as freiras teriam de enfrentar. Segundo elas próprias recordam, a principal consequência veio logo depois que a decisão das missionárias de permanecer no país começou a ser conhecida pela população do país caribenho. Embora estivessem morando no interior, a mais de 200 quilômetros de distância da capital Porto Príncipe, cidade onde se definia e ainda se define a vida política e social do país, e de evitarem divergências públicas, elas foram acusadas, pelos militares que estavam no domínio do Haiti naquele período, de insurgir o povo na busca pelas mudanças defendidas por Aristides. Elas, passados vários anos, não negam a atuação política indireta.

A casa em que elas moravam desde que chegaram ao país, na localidade de Leyon, próximo a Jérémie, foi invadida pelo exército. As imagens daquela manhã em que acordou com armas apontadas para si e o olhar truculento de um grupo de militares dentro de seu quarto nunca mais saíram da memória de Davina. Com lágrimas nos olhos, tirando os óculos de tempos em tempos, ela recordou como foi despertar sob a ameaça de um tiro que poderia ter lhe custado a vida. Qualquer palavra mal traduzida aos militares naquele momento poderia resultar em pena de morte. Elas contavam com a ajuda de vizinhos para que pudessem se explicar de forma rápida e sem dúvidas em relação à língua haitiana.

"Os homens do extinto Exército Nacional Haitiano entraram sem pedir. Procuravam qualquer coisa, em todos os cantos da casa. Atiraram gavetas e caixas no chão, abriram todos os armários, nos colocaram deitadas no chão. Buscavam armas e outros tipos de instrumentos que pudessem ser usados em uma espécie de revolução. Eles pensavam que estávamos mobilizando os haitianos. Porém não havia nada em nossa casa. Nunca lidamos com armas. Nunca incitamos a violência, em momento algum", recordou Davina, com uma grandeza de detalhes que me fazia viajar na memória delas, como se o momento ainda estivesse vivo.

Nas longas conversas que tivemos, as missionárias garantiram que nada que fosse proibido pelo exército foi encontrado pelos militares durante a vistoria. Tanto que, diante da ausência de provas, as religiosas puderam permanecer no Haiti, conquistando uma vitória sobre seus próprios medos e sobre os opositores políticos da igreja. A grande arma que as brasileiras possuíam, todavia, estava em um local onde, nem mesmo que quisessem, os militares contrários a Aristides iriam conseguir alcançar: a mente das religiosas e tudo o que elas pregavam junto ao povo, ao mais clássico modelo do personagem Winston Smith, do clássico sempre recente "1984"[9].

Ex-padre e ex-presidente Jean Bertrand Aristides, em campanha eleitoral de 2016, em defesa da candidatura de Marysse Narcisse, do Partido Lavalas. Foto: Hector Retamal/AFP

Educação católica: o começo da dependência

A cada gole de café, o reflexo de um rosto cansado, mas nem por isso menos esperançoso, invadia a xícara. Quisera Santina Perin que a refeição da manhã degustada por ela no Projeto Regional de Educação e Desenvolvimen-

9. 1984. George Orwel. Companhia das Letras, 37ª reimpressão. 2018

to (PRED) pudesse ser a mesma disponível para milhares de haitianos, especialmente os menores de idade. No entanto a religiosa sabe que alimento no prato é uma realidade rara para a maioria deles.

Naquela manhã de sol forte, reclinada sobre uma cadeira de madeira bruta, Santina levava lentamente a xícara à boca. Por alguns segundos, a tristeza de todo um povo tinha contornos espaçados nas leves ondas da água borrada pela cafeína.

"É tudo muito, muito difícil aqui", repetia ela, incontáveis vezes, em um pensamento alto e profundo, que eu não tinha coragem de interromper.

A xícara, contudo, ficava em casa. Ao levantar da cadeira e se afastar da mesa, Santina, junto a sua amiga e companheira de trabalho, Davina Cardoso, sabia que não poderia ceder espaço ao desânimo. E, embora com a idade já avançada e as pernas enfraquecidas, as religiosas não hesitavam em momento algum em seguir desenvolvendo o trabalho a que se dispuseram quando deixaram o Brasil. O cajado talhado por elas próprias em madeira típica da região servia de apoio na caminhada pela localidade de Leyon. Durante muito tempo, a dupla percorreu longos e incontáveis percursos diários, por estradas inexistentes ou dentro de rios que ficam praticamente secos durante boa parte do ano.

"Precisamos aproveitar agora", dizia Davina pausadamente.

"Esta é a melhor época para visitarmos todas as comunidades", reforçava, referindo-se ao mês de março, quando as chuvas são raras.

Enquanto caminhávamos e conversávamos sobre diversos assuntos, Davina orientava para eu olhasse para cada uma das pedras onde iria pisar, que pareciam brotar do rio que atravessávamos. Tudo o que as religiosas não queriam por ali era algum incidente envolvendo seus visitantes. Qualquer pé torcido poderia colocar fim ao meu trabalho, uma vez que o hospital mais bem equipado estava somente em Porto Príncipe, a mais de 400 quilômetros de onde estávamos. Sem cajado para me apoiar, eu usava o braço delas como amparo. Era até meio estranho ver tanta vivacidade e destreza por parte das religiosas, bem mais velhas que eu, enquanto eu estava toda cautelosa, com receio de despencar rio abaixo.

"Quando o período de chuvas chega, esse rio costuma matar muita gente", afirmava ela, ao referir-se ao Rio Voldog, que corta a localidade de Leyon, onde elas moram, e me hospedaram por duas noites. Era por aquele rio que caminhávamos para chegar ao local onde trabalhavam.

Na localidade em que as missionárias moravam, não havia água encanada nem energia elétrica. Por esse motivo, toda a movimentação na casa iniciava com o raiar do sol.

Santina ficava boa parte das manhãs atendendo aos projetos sociais desenvolvidos na sede do PRED. Lá, jovens haitianas aprendiam a esculpir o artesanato, que é ensinado pela própria Santina. A religiosa descortinou as técnicas da delicada arte de produzir bijuterias ainda quando morava em Santa Maria, no Rio Grande do Sul.

Quando estive na localidade, eram 10 jovens aprendendo as habilidades em cada turma, que era dividida pelos dias da semana. Cada coletivo se reunia uma vez a cada sete dias, e as aulas tinham duração de uma hora.

A maior parte do material usado na confecção das bijuterias – brincos, colares, correntes para prender óculos –

era importado do Brasil e chegava ao Haiti por intermédio dos Correios, encaminhados pelas religiosas da congregação que têm sua sede no Rio Grande do Sul. O material produzido pelas jovens haitianas deixava o país, basicamente rumo aos Estados Unidos, onde missionárias da congregação que moram por lá se encarregavam das vendas. O dinheiro obtido com o comércio era encaminhado ao Haiti e, ao chegar, cada uma das jovens recebia uma porcentagem pelo trabalho desenvolvido. A maior parte da verba era revertida pelas freiras para a compra dos insumos usados na fabricação das pequenas peças de artesanato.

Enquanto Santina ensinava a confecção de bijuterias às adolescentes, Davina cuidava da alfabetização dos pequenos, mesmo que soubesse que a maior parte das crianças pouco aprenderia das aulas. Era dela a responsabilidade pela coordenação das escolas que atendiam parte das crianças de Leyon. Mais que pregar o Evangelho, as missionárias defendem que a educação seja o único caminho capaz de melhorar as condições de vida do sofrido povo. Nem que, no caso do Haiti, a escola seja apenas um trajeto para encurtar o percurso entre crianças e um prato de comida.

As freiras compreendem que boa parte das crianças atendidas não terá chances de estudar durante muito tempo. Para aquelas crianças, as aulas servem mais para alimentar o corpo do que a alma. A escola, que deveria ser uma espécie de trampolim em busca de melhores condições, no Haiti é apenas por um período restrito. Mesmo que chegue até a sala de aula, muito raramente a criança conseguirá evoluir nos estudos, uma vez que a fome que os aflige dificulta a capacidade de aprendizado. Saber que terão a chance de receber uma porção de alimento, por menor que seja, talvez a única do dia, é o que leva muitas das crianças às escolas auxiliadas pelas freiras. Há outros religiosos, contudo, que usam o alimento em troca de sexo.

Na localidade de Leyon, a cerca de 18 quilômetros de Jérémie, boa parte das crianças caminha de três a até quatro horas para chegar à escola. Sem comida nem água em casa, o educandário significa um misto de esperança e até mesmo de descanso. Ao menos quando estão ali, os pequenos, que muitos nem cadernos têm, ouvem a lição e desenvolvem a arte de sonhar, tão importante para quem vive em meio a conflitos. Sabem que quanto mais memorizarem, melhor para a própria vida. Porém, no fundo, é para o alimento que os pequenos estão com o pensamento voltado.

Vendo aquelas crianças com semblante tão sofrido, sentadinhas em bancos de madeira, olhando fixamente para a lição escrita em giz no quadro totalmente negro, dava vontade de abraçar cada uma delas com força. Como pode tantas crianças lindas terem o futuro tão incerto? Estariam vivas na idade que eu estava lá, para contar suas histórias? Meus pensamentos foram despertados pela manifestação de Davina, que pareceu adivinhar o que eu refletia.

"Quando as crianças estão arrumadinhas, a gente não vê nada. Nem dá para imaginar toda a dificuldade que eles passam", lamentava.

"Violência? Fome? Que mais elas passam?", questionei.

"A pobreza é total. Quase sempre, elas saem daqui e dizem que não vão ter nada para comer. É triste, mas não temos como dar comida para todas elas", dizia, em meio às lágrimas. Naquele momento, parei tudo para lhe dar um abraço. Era o mínimo do conforto que me era permitido ali.

Na escola improvisada na localidade de Leyon, não há paredes na parte principal. Os bancos servem para acomodar até 10 estudantes no espaço batizado de Sagrado Coração de Jesus – Viveiro da Esperança. Mesmo na parte erguida com tijolos, o espaço ainda é um problema. Ainda assim, não vi nenhuma das cerca de 85 crianças atendidas reclamarem de alguma coisa. Sem cadernos, elas escreviam em pequenas lousas que, após limpas, eram reaproveitadas. No entanto a maioria nem as lousas usavam. Apenas escutavam os ensinamentos, sem nada anotar. O silêncio delas era tão lindo e ao mesmo tempo dolorido. Todas extremamente atentas às lições que eram ministradas, geralmente, pelos padres da Congregação da Redenção, um grupo que é uma espécie de parceiro do trabalho das freiras brasileiras em solo haitiano.

Os pequenos que frequentam a escola administrada pelas freiras da Congregação Imaculado Coração de Maria têm sede de aprendizado e fome de alimentos. A união dos dois resulta na escola cheia, praticamente durante todos os dias da semana, sempre pela parte da manhã. Para chegar até o local, muitas crianças percorrem uma longa caminhada por estradas de chão em que o próprio termo "estrada" não seria o mais apropriado.

Para conseguir recursos para manter a escola, as religiosas buscam apoios que ultrapassam as barreiras haitianas. De entidades da Alemanha, chegava parte do auxílio, mas ainda era insuficiente para nutrir a necessidade de aprendizado. Alguns estudantes tinham a sorte de contar com padrinhos, boa parte deles americanos, que depositavam quantias mensais para ajudar nos estudos. A fim de manter o auxílio, as freiras se responsabilizavam por encaminhar aos padrinhos fotos das crianças, onde estão expressos relatos da situação familiar e escolar. A ideia era municiar os doadores com o máximo possível de informações sobre as crianças, a fim de que os depósitos mensais nunca deixassem de existir e ainda fossem capazes de mobilizar novos doadores, independentemente do local do mundo onde estiverem situados.

Manter uma criança na escola no Haiti pode ser complicado para a situação social do país, mas, em relação a custos, costuma ser mais acessível que em outros países, inclusive no Brasil. A média de gastos anuais calculados pelas religiosas, incluindo desde o uniforme até o material e a merenda escolar, chega a US$ 200 para cada estudante. Dinheiro que para muitos pode ser insignificante, mas que para as crianças haitianas pode ser revertido em esperança de um futuro com menos dificuldades sociais.

Na escola comandada pelas religiosas que me recepcionaram, em Leyon, as aulas iam além da alfabetização. No turno inverso, outras atividades eram desenvolvidas. Pela parte da tarde, as tarefas eram de responsabilidade de Santina Perin, que comandava as lições de educação ambiental, ministradas no espaço do PRED. Lá, mudas de árvores típicas da região eram cultivadas e plantadas pelas crianças.

Em troca da lição, que é importante tanto para as crianças quanto para o futuro do próprio país – que sofre com os altos índices de desmatamento-, os 85 estudantes que participavam do projeto de Educação Ambiental recebiam um lanche, talvez o último alimento do dia. Nada de extravagâncias. A merenda das crianças era apenas um copo de suco – bem aguado, por sinal – com um pedaço de pão seco. Algumas vezes havia uma geleia feita pelas religiosas com frutas típicas da região. A forma com que aquelas crianças aproveitavam o lanche é uma imagem difícil de ser esquecida. Era como se fosse o prato mais delicioso do mundo. Recordo de dois irmãos ali – gêmeos albinos –, um menino e uma menina, de oito anos. De imediato chamou-me a atenção a forma delicada com que tomavam aquele lanche e, claro, o isolamento em que se encontravam dos demais estudantes. A menina usava um vestido de um azul desbotado, que mais parecia uma roupa descartada por alguma princesinha de sociedades mais abastardas. Ela erguia aquele copo com uma delicadeza surpreendente. Seu irmão não agia diferente. Eles estavam mais afastados dos demais estudantes, e aos poucos entendi que o fato de serem albinos os colocava em situação delicada de exclusão. Eram diferentes aos olhos dos negros, mas por sorte estavam bem-cuidados, dentro do que o sol em excesso permitia.

No Haiti, diferentemente do que acontece em outros países de cultura africana, como na Tanzânia, os albinos não são perseguidos e mutilados para terem seus membros vendidos como amuletos de sorte. Na "Pérola das Antilhas", os albinos apenas são diferentes, respeitados em sua condição, mesmo que sofram isolamento por isso. Além de passarem pelas mesmas dificuldades para se alimentarem que os demais colegas negros, eles ainda têm de enfrentar, com muito mais sofrimento, as dores causadas pela falta de cuidados na pele. Sem protetor solar, as marcas do sol queimavam a pele dos pequenos albinos, fazendo feridas extremamente visíveis. Os irmãos albinos padeciam com o sol um flagelo, na mesma intensidade que seus antepassados sofreram com as chicotadas.

Depois de conhecer o trabalho de Santina e Davina no interior do país, detive-me a procurar mais informações a respeito da atuação da Igreja no meio educacional haitiano. De volta a Porto Príncipe, o mestre Ricardo Seitenfus indicou uma livraria, que ficava instalada no quarteirão próximo ao hotel que estávamos, o Montana – que ruiu com o terremoto de 2010. Sai do hotel e fui caminhando até o local, em uma manhã ensolarada. Era um trajeto curto, mas quase pareceu uma eternidade. Tão logo comecei a caminhada, senti que estava sendo seguida. Acelerei o passo e pude perceber a passada atrás de mim se intensificar. Tive medo de olhar para trás inicialmente e logo me veio à mente os conselhos das freiras – não coma nada que for ofertado por quem não conhece. Porém ali o receio não era de ingerir algo, mas sim de ser violentada. Atrás de mim, vinham dois militares da Jordânia, país que era conhecido pelas atitudes, digamos, não muito correta de alguns dos seus militares, durante o período em que as tropas do país atuavam na Missão de Paz. Como bem explicou Seitenfus, havia situações em que as "tropas jordanianas se opunham abertamente ao que era determinando pelo comando da Minustah, e continuavam operando no Haiti como se estivessem em campo de batalha[10].

Sem hesitar, acelerei para sair da linha de frente dos militares. E eles acabaram intensificando o passo também. Por sorte, logo adiante visualizei, ainda que pequena, a bandeira do Brasil no uniforme de dois militares que estavam do outro lado da rua. Corri na direção deles. Na minha roupa, uma bandeira do Brasil, que minha mãe havia costurado com todo o cuidado, foi a identificação necessária para que eles

---

10. SEITENFUS, Ricardo. Haiti Dilemas e Fracassos Internacionais. Editora Unijuí. Pág. 159

me ajudassem. No entanto depois entendi que, mesmo que não tivesse a mesma bandeira que eles, a dupla iria me ajudar. Quando cheguei aos militares brasileiros, a dupla que me perseguia tomou outro caminho. E eu levei uma bronca: "Não ande sozinha aqui. Jamais. Há militares que podem ser violentos", disse-me um deles – e eu nunca soube seu nome.

Recado entendido, os dois fizeram questão de ir comigo até a livraria. Entrei e esqueci do mundo procurando os livros que falassem sobre a história política e social do Haiti. Quando sai de lá de dentro, não sei ao certo quanto tempo depois, deparei-me com a dupla de militares me esperando. Eles me deixaram na porta do hotel, reforçaram o recado para que eu não andasse sozinha e seguiram seus caminhos. Nunca mais os vi, nem lembro de seus rostos. Foram, sem dúvidas, anjos enviados para proteger pessoas que, como eu, se empolgam demais às vezes e esquecem de tomar certos cuidados necessários. A lição prática foi dada. Já a dos livros ainda estava para começar.

A bibliografia que trata do controle da igreja católica sobre a educação haitiana é escassa, mas mostra que ele esteve diretamente relacionado aos primeiros anos após a independência do Haiti, que foram de fundamental importância para a expansão do catolicismo em território caribenho.

Somente entre os anos de 1860 e 1890, mais de 150 missionários franceses foram deslocados para terras haitianas com o objetivo principal de aproximar a Igreja Católica da pequena elite do novo país[11]. O alvo da igreja, naquele

---

11. L'État et l1Eglise Catholique em Haiti aux XIX e XX Siécles (1860-1980). Kawas François, S.J.Imprimerie Hneri Deschamps, 2006.

período, era uma parcela reduzida da sociedade, que correspondia a menos de 10% da população instalada em terras haitianas.

Já naquele período, a Igreja Católica teria sob seu controle mais de 25% das escolas de Ensino Secundário privadas no país, todas com autorização do Estado, consideradas as mais bem equipadas e estruturadas do país. Eram mais de 36 instituições de ensino, de um total nacional de 168 registradas naquele período.

Em 1995, a Igreja Católica, por meio das diversas congregações que se instalaram no Haiti, aumentara seu poder de influência sobre o setor educacional, uma área cujo Estado se mostrou completamente ineficaz no decorrer do precário desenvolvimento haitiano e que praticamente a entregou para o controle da Igreja. Só naquele ano, a Igreja Católica dirigia mais de 1.212 escolas no país caribenho, especialmente localizadas em Porto Príncipe, Jacmel, Cabo Haitiano, Le Cayes e Jérémie, as maiores cidades do país. Até hoje, a independência do governo haitiano é inversamente proporcional ao poder religioso[12].

"Com o que o governo ajuda vocês hoje?", questionei às freiras, quando ainda estava no interior.

"O governo haitiano não ajuda com nada. Não há ajuda, nem financeira, nem estrutural. Quando se consegue alguma ajuda, é de fora do país", afirmou Davina Cardoso.

Apenas no território que compreende a cidade de Jérémie e suas vizinhas, sede onde as missionárias do Imaculado Coração de Maria desenvolviam seus trabalhos, as brasileiras calculavam que houvesse cerca de 100 comunidades atendidas, o que representava mais de seis mil pessoas sob o processo di-

12. Relações Internacionais. Ricardo Seitenfus, 2ª edição, Manole. 2013.

reto ou indireto de educação religiosa. Chon-Chon, localizada a cerca de dois quilômetros do distrito de Leyon, era uma dessas localidades. Lá, o processo de evangelização era feito basicamente por Santina Perin e por Davina Cardoso, que, apesar da idade avançada e da aparência já debilitada, andavam quilômetros rumo à comunidade, apoiadas em um cajado. Em Chon-Chon, assim como nas demais localidades haitianas, a precariedade do sistema estrutural impossibilitava as religiosas de desenvolverem um trabalho mais individualizado. As reuniões de evangelização eram feitas em grupos, em pequenas casas cobertas apenas por folhas secas. Era nessas reuniões, que ocorriam uma vez por semana, que os haitianos eram formatados de acordo com os valores determinados como prioridades para a Igreja Católica e treinados para, igualmente, repassarem os ensinamentos a novos seguidores.

Os encontros, assim como as missas, também serviam para que os haitianos ali presentes ficassem sabendo de algumas notícias do país e do mundo, uma vez que, devido à falta de energia elétrica na maior parte do território, o sistema de comunicação era praticamente inexistente. Ninguém lia jornal ou assistia televisão.

Nas reuniões que acompanhei no interior, as notícias eram todas transmitidas pelas religiosas, ou pelos padres católicos de outras congregações que desenvolviam trabalhos conjuntos. Automaticamente, o material transmitido acabava tendo o direcionamento que a igreja determinava como benéfico para as comunidades atendidas. Sem imprensa forte e presente, a manipulação das informações era inevitável, mesmo que fosse por meio de comentários.

Em todas as missas que assisti no Haiti, uma parte da celebração era dedicada ao padre para a leitura de notícias.

Assim como ocorre quando comenta trechos da Bíblia, ele também aproveitava para deixar claras suas opiniões.

Naquele primeiro ano em que estive no Haiti, em 2008, o principal tema de defesa dos padres durantes as missas era a candidatura de Barack Obama à Presidência dos Estados Unidos, no primeiro pleito que ele disputaria, em novembro daquele ano. Nada que fosse surpreendente, uma vez que o Haiti estava entre os países em que os cidadãos mais pediam a condição de refugiado ao governo norte-americano. Negro, de origem humilde, Obama era querido por esse povo caribenho. Bastou que ele deixasse o poder para que a situação dos haitianos nos Estados Unidos voltasse a se tornar uma grave crise, com novos precedentes a partir de julho de 2019. Este foi o prazo dado pelo presidente que veio depois de Obama, Donald Trump, para que tivesse início a suspensão do programa humanitário que concede refúgio a cerca de 60 mil haitianos no país. A partir de então, os haitianos têm um ano e oito meses para deixar o país. O Haiti, onde a Igreja Católica praticamente se transformou em um setor com obrigações que caberiam ao poder público, dificilmente será o local escolhido por eles.

Sob a guarda da fé, no Haiti estão responsabilidades que vão desde a alfabetização até a distribuição de alguns tipos básicos de medicamentos, feita por meio do escritório da Cáritas, uma rede internacional da Igreja Católica com atuação em mais de 200 países e territórios. É pelo auxílio da Cáritas que chegam e saem projetos para a captação de recursos que sustentam o trabalho das brasileiras no Haiti. A Cáritas atua como a coluna vertebral do trabalho das missionárias em solo haitiano.

A relação de dependência e troca de interesses entre a Igreja Católica e o Estado Haitiano foi tão fortemente alicerçada que chegou a ser registrada na Constituição do Haiti, que sacramentou a Religião Católica, Apostólica e Romana como a oficial do país[13]. Em 1895, porém, a Constituição já tolerou a liberdade de atuação para outros cultos.

A Igreja Católica, por sua vez, não deixou de colocar suas sementes em território haitiano desde que lá se instalou pela primeira vez. No ano de 2002, 2.111 religiosos de 90 congregações estavam registrados no Haiti, atuando nas sete dioceses e 10 arquidioceses do país. Das 90 congregações, 26 eram masculinas e outras 64 femininas, oriundas de 32 países diferentes, dentre eles o Brasil. Todas as congregações tinham trabalhos semelhantes voltados basicamente para a educação, assistência social, e algum tipo de auxílio para saúde. Algumas, contudo, possuíam em suas fileiras representantes que deixaram cicatrizes profundas de sua atuação com o povo haitiano.

Davina Cardoso, diante da escola Sagrado Coração de Jesus - Viveiro da Esperança. Foto: Fernando Ramos

---

13. Vaudou et Catholicisme em Haiti à l'aube du XXI Siécle, Kawas François. Alsa Graphics. 2005.

3

SOLO FÉRTIL

"VOS ESTIS LUX MUNDI"

"Os crimes de abuso sexual ofendem Nosso Senhor, causam danos físicos, psicológicos e espirituais às vítimas e lesam a comunidade dos fiéis. Para que tais fenômenos, em todas as suas formas, não aconteçam mais, é necessária uma conversão contínua e profunda dos corações, atestada por ações concretas e eficazes que envolvam a todos na Igreja, de modo que a santidade pessoal e o empenho moral possam concorrer para fomentar a plena credibilidade do anúncio evangélico e a eficácia da missão da Igreja. Isso só se torna possível com a graça do Espírito Santo derramado nos corações, porque sempre nos devemos lembrar das palavras de Jesus: 'Sem Mim, nada podeis fazer' (Jo 15, 5). Embora já muito se tenha feito, devemos continuar a aprender as lições amargas do passado, a fim de olhar com esperança para o futuro".

Francisco (trecho da carta do Papa Francisco, dado em Roma, junto de São Pedro, no dia 9 de maio do ano 2019, sétimo de pontificado.)

Cumplicidade silenciosa

Para além das debilidades econômicas e do espaço de treinamento militar aos países que deslocaram suas tropas para a missão de paz da ONU ao longo de 13 anos, o solo haitiano transformou-se em um fértil território para a destinação de padres acusados de abusos sexuais, o que envergonha as religiosas da Congregação do Imaculado Coração de Maria, que desenvolvem um dos mais espetaculares trabalhos de socialização que conheci no Haiti.

Tocar nesse assunto foi e é extremamente delicado para elas. Das freiras brasileiras com quem estive e ainda mantenho contato ao longo de mais de 10 anos de pesquisas sobre o Haiti, apenas uma aceitou falar mais abertamente sobre o que ela chamou de "costumes" não aceitos pela igreja, mas praticados no país caribenho. E mesmo assim, sob a certeza que não teria seu nome revelado em nenhuma reportagem, nem mesmo neste livro. Considerei justo o pedido, por questão de segurança para ela própria. Se no Haiti sequer a população mais sofrida tem segurança para qualquer tipo de adversidade, quem dirá estrangeiras, e brancas – ainda mais mulheres, diante de uma Igreja em que as figuras masculinas sempre foram colocadas como superiores e intocáveis. Em qualquer lugar que estejam, as mulheres da Igreja Católica ainda são renegadas a segundo plano. Suas opiniões são sempre subestimadas. Os homens, os padres, vêm em primeiro lugar.

Nossa conversa inicial foi acompanhada da bebida tradicional do Rio Grande do Sul. O amargor do mate ajudou a digerir o embaraçoso assunto.

Estávamos à beira de uma das praias mais lindas que já estive: Le Côté d'Azur, em uma manhã da semana que antecedeu o domingo de Páscoa de 2008, ano em que tiveram início as pesquisas que resultaram neste livro.

O lugar era completamente deserto, mas conhecido pelas missionárias, que costumavam ir à região quando queriam aproveitar um pouco de praia, colocar o biquíni e curtir a vida longe dos olhos do grande público. A chegada até lá já foi uma grande aventura. Havia barreiras na estrada, montadas por manifestantes locais que protestavam contra o governo e em especial contra a alta dos alimentos. Tivemos de desviar o caminho algumas vezes para conseguir aportar no destino. O longo percurso, feito no carro do projeto social das freiras (que anos depois foi roubado e não mais recuperado), foi compensado pela beleza da natureza e a profundidade do diálogo que teríamos pela frente.

Foi diante de um mar de azul intenso, sentada em uma pedra, que a religiosa contou, entre um chimarrão e outro, que a vida de alguns clérigos no Haiti era bem diferente do que a igreja costumava pregar. A começar pelo celibato, a regra de abstenção sexual imposta no primeiro e segundo Concílios de Latrão, ao longo do Século XII, como obrigatoriedade entre os representantes da Igreja.

Ali eu soube que, em regiões tão adversas quanto aquela, onde freiras e padres de diferentes congregações atuam juntos, a manutenção das tradicionais normas nem sempre são seguidas. Ouvi com cautela a explicação, dada entre trocas de chimarrão, de que naquele país de tantos infortúnios e tão distantes de suas bases católicas, os integrantes do clero precisavam se adaptar e fazer suas próprias regras. Era uma explanação muito natural, sem que houvesse remorso ou qualquer tipo de penitência em nenhum momento de sua fala.

"É como sempre dizemos: nossa igreja tem outras formas de fazer o catolicismo", afirmou a missionária.

A religiosa contou que, diferentemente do que muitas vezes se conhece da formação dos religiosos, no Haiti os padres e freiras, em sua maioria, têm conhecimentos que vão além dos tradicionais cursos de teologia. São médicos, professores, enfermeiros, contadores, engenheiros... dentre tantos outros profissionais que desenvolvem seus trabalhos além da fé. Era o caso de todas elas da Congregação do Imaculado Coração de Maria. Entre as brasileiras, eram uma contadora, uma enfermeira e três professoras.

"Até você poderia virar freira. Não temos freira jornalista aqui. Você poderia nos ajudar", disse a religiosa, estampando um belo sorriso.

Senti como se estivesse lançando-me a um desafio.

"Ah, não irmã. Jamais conseguiria. Não tenho o dom, não. Na verdade, não tenho capacidade para ficar sem... sem namorar", afirmei com um sorriso meio desajeitado.

"Sem sexo, quer dizer?", ela completou, rapidamente.

"Exatamente. Especialmente sem sexo", eu disse, com as faces rubras.

"Mas isso não é problema", declarou.

A afirmação da religiosa deixou-me quase que sem palavras. Minha cabeça, naquele momento, era um turbilhão de perguntas. Aquela pulga atrás da orelha, colocada tantas vezes pelo meu pai, havia se reproduzido e já tomava conta de todo o meu corpo, em uma ansiedade que começava a resultar em urticárias imediatas. Por mais que eu tente e fique horas por mês em salas de terapia, nunca consegui formas de amenizar os sintomas da ansiedade em meu corpo.

"Como assim: não é problema?", questionei.

"Aqui no Haiti, tem quem dê suas namoradas", ela disse.

"Sério? Mas como? É aceito de forma normal", voltei a perguntar.

"Desde que isso não prejudique nosso trabalho, é isso que importa", afirmou-me, querendo já mudar de assunto.

"Mas como é isso? É um namoro público", inqueri, sem desistir.

"Não, claro que não", falou ela rispidamente.

"Mesmo os que sabem ficam quietos. Aqui todos se respeitam. O que importa é o nosso trabalho pelo povo", finalizou.

O sol intenso já começava a fazer morada nas peles brancas que se arriscavam, sem proteção, a pegar um rastro de cor naquela manhã, na praia haitiana, quando senti que a freira começava a se movimentar para forçar o fim ao polêmico assunto, já que assim é tratado o sexo pelo Código Canônico.

Quando ela se ergueu para levar o chimarrão cheio para uma de suas companheiras de congregação, apressei-me a fazer um último questionamento. Minha voz, saiu trêmula, mas havia satisfação pela confiança que já conquistara. Aquela conversa era apenas a ponta de um sinuoso *iceberg*.

"E sobre casos de pedofilia e abusos sexuais envolvendo padres aqui no Haiti, o que vocês sabem?"

Na mesma hora, a religiosa parou de servir a água quente que estava sendo colocada na cuia para fitar-me com um olhar profundo. Lembro de sua feição observando-me, mas não sei ao certo deduzir se era por raiva da pergunta ou por não saber ao certo o que, ou como, responder. Ela baixou a cabeça e voltou a encher o chimarrão. Foram apenas alguns segundos, que valeram por uma eternidade. A religiosa, então, fechou a garrafa, deu-me as costas e levantou-se calmamente, indo em direção a uma de suas colegas, que estava sentada mais ao lado, com outros visitantes que também eram hóspedes na casa da congregação. Eu segui imóvel e em silêncio onde estava, acompanhando seus movimentos. Não tardou para que ela retornasse.

"Aqui tudo é tratado com muita cautela, mas sabemos de ordens em que os padres são trazidos para cá depois de casos de pedofilia. Aqui ficam escondidos. Quem vai procurar um padre aqui nos confins do Haiti?", disse.

Alguns segundos de silêncio, e ela seguiu sua fala: "O Haiti é um ponto de desova de padres pedófilos do mundo todo".

"Quem iria procurar um padre acusado de abuso sexual no Haiti?", essa foi a pergunta que percorreu meus pensamentos por longos anos.

A liberdade que certas congregações religiosas encontram em desgarradas terras haitianas transformou o país em um solo fértil para pedófilos e abusadores sexuais de diferentes locais do mundo. Protegidos sob o manto de suas congregações e alicerçados pela ausência de uma imprensa solidificada, capaz de romper as fronteiras geográficas com denúncias, os casos de abusos sexuais e pedofilia envolvendo representantes, tanto da Igreja Católica quanto de outras religiões, converteram o Haiti em um paraíso da impunidade. Até os dias mais atuais, nenhum padre acusado de abuso sexual foi punido pelas autoridades judiciais haitianas, que ignoram as denúncias que chegam pela população local, protegendo um sistema que, de tão intenso, foi sacramentado pela Constituição do país.

A imunidade dos religiosos que cometem crimes foi fortalecida diante da relativa história da dependência criada entre a Igreja Católica e o governo haitiano, concebido desde os primórdios da fundação do Haiti.

A primeira documentação que estabelece oficialmente uma relação entre as duas instituições – religião e Estado – foi assinada no dia 28 de março de 1860, pelo Papa Pio IX e Fabre Geffraed[14], então presidente do país. O documento estabeleceu o catolicismo como religião oficial em um local onde até hoje o vodu predomina, sendo praticado por quase 80% dos haitianos.

A partir daquela data, a Igreja Católica passou a ocupar espaços em que o Estado se mostrava ineficaz – especialmente saúde e educação – fosse por omissão, ou pelo fato de não possuir estrutura física, material, nem mão de obra qualificada para suprir as necessidades diversas de um país em processo de formação. A igreja, em contrapartida, precisava se expandir pelo mundo, difundindo o catolicismo – e escondendo suas mazelas. O pobre Haiti era um abundante território.

Diante da imensidão do mar, senti-me sufocada por palavras que, naquele ano de 2008, não passavam de afirmações sem provas. Demorou para que eu pudesse chegar aos casos reais de abusos que deram sustentabilidade àquela fala da religiosa.

A cada ano de investigação e a cada oportunidade nova de pisar em terras haitianas, reforcei minhas estruturas jornalísticas e psicológicas para seguir na turbulenta caminhada de enfrentamento de conceitos e realidades, muitas vezes, distorcidos.

Anos depois dessa conversa, diante da minha insistência no assunto, outra freira confidenciou-me:

"Eu não sei muito não (sobre casos de abusos sexuais). Alguns dizem que tem. Mas eu não percebo".

---

14. L'État et l1Eglise Catholique em Haiti aux XIX e XX Siécles (1860-1980). Kawas François, S.J.Imprimerie Hneri Deschamps, 2006.

"Não sabe de nadinha? Nada mesmo sobre isso? Nunca falaram nada?", insisti.

"Bem... acho que... sei que teve um canadense que era (envolvido com denúncias de abusos sexuais) e esteve por aqui (Porto Príncipe). Mas só fiquei sabendo (dos abusos), depois que ele foi embora", afirmou a freira.

"E você não quis saber mais sobre isso?", questionei.

"Eu não quero saber. Sei que tem aqui, mas não quero saber. Só quero saber do meu trabalho. E não quero mais falar sobre isso", encerrou.

Sem dúvida, o trabalho das freiras brasileiras do Imaculado Coração de Maria, embora também importante para a política de expansão da Igreja Católica, é de suma importância para a comunidade haitiana, em especial para as crianças, que encontram na educação e na alimentação oferecida pelas irmãs um alento para as dificuldades e a esperança de um futuro menos dolorido. Ao menos com a freiras, as crianças não têm medo de sofrerem qualquer tipo de violência sexual.

Nesse contexto, é importante deixar claro que não se pode, em momento algum, cogitar qualquer tipo de relação do trabalho desenvolvido pelas missionárias com práticas de má conduta feitas por outros integrantes do clérigo, como me deterei mais em breve. As irmãs do Imaculado Coração de Maria têm posturas imaculadas e se sentem extremamente envergonhadas e constrangidas por atos que fogem a suas condutas. No entanto como um carcinoma que se espalha sem controle e surge onde menos se espera, nem mesmo a congregação das missionárias brasileiras, que tão gentilmente me abrigaram, conseguiu ficar de fora de escândalos de abusos sexuais dentro da Igreja Católica. No caso da Congregação do Imaculado Coração de Maria, os desacatos já conhecidos se derem fora do espaço haitiano, mas ainda na geografia das Américas, bem próximo ao Haiti onde estavam as missionárias.

Ralph Pairon, um então jovem padre, de feições suaves que transmitiam calma, era o que se poderia esperar de um mestre exemplar para as crianças, a quem ele ensinaria nos anos que seguiram após sua entrada na congregação, em meados de 1946.

Nascido em 1928 na Bélgica, berço da irmandade católica, Pairon tinha tudo para ser o representante puro do que os imaculados pregam para a ajuda ao próximo. Afinal, foi na periferia necessitada de Bruxelas que se fundou a congregação em 1862. No entanto a ele, a proximidade com os mais necessitados proporcionada pela Igreja, e em especial com as crianças, por meio das escolas onde atuou como professor, foi apenas um trampolim para suas ações.

Pairon chegou aos Estados Unidos em 1954, por ordem da Congregação, e foi deslocado para a Arquidiocese de Santa Fé, capital do Estado do Novo México. Lá, atuou por 18 anos e, na maturidade de suas atividades, e sem registros públicos de que tenha cometido irregularidades, foi "agraciado" com a transferência para a Arquidiocese de San Antonio, no Estado do Texas.

A remoção de padres envolvidos com abusos sexuais foi e ainda é uma prática instituída no cerne da Igreja Católica, como forma de proteção aos seus representantes, especialmente nos Estados Unidos, como foi revelado pelos colegas da equipe chamada "Spotlight" do The Boston Globe, no início dos anos 2002[15], que revelou, em uma série de

---

15. Spotlight, Segredos Revelados. Vestígio. 2016

reportagens, abusos sexuais cometidos contra crianças por padres em Boston, EUA – posteriormente a história virou livro e filme. Caso semelhante aconteceu com Pairon.

Ao chegar no Texas, em 1968, Pairon não possuía manchas públicas em seu currículo, mas não é possível descartar que sua transferência já tenha se dado devido ao fato de que algum de seus casos de assédio tenha rompido as paredes da Santa Casa de Deus. E, para que se mantivessem escondidos, nada mais sugestivo que retirar dos olhos da comunidade o padre que estava sob suspeitas.

A questão é que, ao transferir o padre Ralph Pairon para o Texas, a Igreja não só o promoveu, como ainda o colocou diante de tudo o que mais o descontrolava: crianças. Muitas crianças e adolescente. Por 22 anos seguidos, o padre do Imaculado Coração de Maria fez uso de suas atribuições religiosas para esconder sob a batina uma incontrolável perversão sexual, enquanto ministrava aulas para os estudantes do Ensino Médio. Os abusos, segundo relatos, datam de 1969 e teriam ocorrido nas proximidades de Santa Fé.

Abiquiú, onde Pairon abusou de uma menina de 10 anos a partir de 1969 – único caso oficialmente contabilizado pelos registros da Igreja Católica – é uma comunidade empobrecida no interior do Estado do Novo México. Em idioma Tewa, língua dos nativos americanos, o nome da cidade não poderia ser mais sugestivo para as ações do sacerdote: lugar de estrangulamento selvagem. Foi lá, em uma comunidade extremamente católica, cuja fundação foi orquestrada por um padre em 1742, que Ralph Pairon usou e abusou das crianças que deveria cuidar e ensinar. Pairon era um predador, não um padre. Consumia suas vítimas sem rancor, mas só foi reconhecido publicamente como abusador pela Arquidiocese de Santa Fé três anos depois de sua morte, que ocorreu em 2014. O processo em que foi nomeado foi arquivado no ano de 2018, quando ele já estava morto e não poderia mais ser punido. Não se sabe por quantas vezes ele abusou da garota que consta como único registro. Também não se tem conhecimento, até os dias atuais, de quantas crianças tiveram suas partes íntimas tocadas ou penetradas pelo padre abusador. O predador está morto, mas seu crime segue vivo na memória de quem o sofreu. O Escritório de Advocacia de Brad D. Hall, que ingressou com a queixa-crime contra o padre e a Arquidiocese junto ao Tribunal Distrital Estadual de Albuquerque, alega que a vítima "lida com problemas alcóolicos e psicológicos", fruto dos abusos sofridos.

Dados mais atuais da Arquidiocese de Santa Fé[16] apontam que, somente por abusos cometidos por seus padres no período entre o final dos anos 1950 e dos anos 1980, há pelo menos cinco ações tramitando na Justiça contra a Igreja. Dentre eles estava o processo contra Pairon, que acabou arquivado devido a sua morte.

Em 2004, 10 anos antes do óbito do padre Ralph Pairon, o reverendo Michael J. Sheehan, então arcebispo da Santa Fé, divulgou um comunicado afirmando que 44 padres ligados à Arquidiocese da qual o reverendo era responsável haviam sido acusados de cometer abusos sexuais. Os custos dos processos para a Igreja, naquele ano, já somavam US$ 30,8 milhões, dinheiro destinado às vítimas e a pagamentos dos honorários advocatícios.

Apenas em 2014, a Arquidiocese de Santa Fé divulgou um comunicado em que tornou público o nome de todos os

---

16. https://mersonlaw.com/new-mexico-catholic-diocese-priest-sex-abuse-list

seus padres envolvidos com abusos sexuais. Na lista consta Ralph Pairon, da Congregação do Imaculado Coração de Maria, da qual pertencem as freiras brasileiras que tanto me orgulham de seu trabalho em prol da comunidade haitiana.

Na Igreja Católica, para todo um lado positivo, há sempre um negativo que se esconde nas entranhas não tão profundas de seus representantes.

Eu e as religiosas do Imaculado Coração de Maria, na praia de Le Cotê d'Azur, tomando chimarrão. Foi neste local e neste momento que se deu a primeira conversa com a missionária sobre os casos de abusos. Foto: Fernando Ramos

Padre Ralph Pairon, do Imaculado Coração de Maria, acusado de abusos sexuais nos EUA. Ele morreu sem ser punido, assim como tantos outros padres da Igreja Católica. Foto: Reprodução.

Ingrediente de uma tragédia anunciada

O sino batia forte durante as horas cheias do dia para alertar os fiéis de que, naquele lugar, existia quem predominasse sobre eles. Não havia buzinas e sons de freadas, nem xingamentos nas ruas da cidade que impedissem qualquer um de ouvir as badaladas que trepidavam no alto da torre da Igreja.

No ponto mais central de Jérémie, a imponente catedral católica, erguida nos modelos da Art Deco, pintada com tinta vermelha já desbotada pelo tempo e pela falta de cuidado, destacava-se em meio às casas antigas. Em torno da representação da Casa de Deus, crianças de diferentes idades se aglomeravam em busca de um prato de comida ao menos duas vezes ao dia, enquanto seus pais vendiam o que pudessem nos "marché" a céu aberto que invadiam as ruas. Diante de uma economia tão debilitada como a haitiana, a alimentação que os pequenos buscavam para nutrir o corpo e a alma, aos gritos e empurrões, é nada mais que uma sobra de comida, que vinham dos geralmente fartos pratos servidos aos párocos e trabalhadores da Igreja Católica – e que tive a oportunidade de provar. Carne de cabra bem frita, inhame cozido e ovo são refeições clássicas, consideradas um banquete aos costumes do povo sem condições financeiras e, em boa parte, desnutrido. Foi minha refeição quando fui recebida na pequena cidade de Jérémie. A mim e aos demais convidados, nada faltou em todas as refeições que fizemos, fosse na Igreja ou a casa das missionárias. Ambos os locais eram alvo do desespero das famintas crianças haitianas, que engrossavam as estatísticas de desnutrição em um país onde quase 5 milhões de pessoas (cerca de 45,7% da população) estava com o peso abaixo do considerado saudável pela (ONU)[17]. As crianças, como sempre, são as mais fragilizadas. Conforme mencionei antes, o Programa Mundial de Alimentos, órgão ligado à ONU, estima que ao menos 600 mil menores precisam de assistência externa para se alimentar em terras haitianas, enquanto 6,5% deles sofrem de desnutrição crônica, quadro que afeta o crescimento, as-

---

17. http://www.fao.org/3/a-i6977o.pdf

sim como a capacidade de raciocínio e todo o desenvolvimento da criança.

Algumas daquelas vozes em que a fome causa desespero jamais saíram da minha memória. Elas estavam diante da igreja e também da casa das freiras, pois sabiam que, onde moram religiosos, não falta comida. Pela janela do quarto que eu estava em Jérémie, era possível ver os pequenos que gritavam em busca de alimento.

Na frente da casa das missionárias, um alto muro de tijolos pintado com cal branco mantinha a residência de alvenaria afastada dos olhos de quem passava na rua. No portão de ferro, também pintado em tinta branca, não havia abertura pelas grandes para que vizinhos ou curiosos visualizassem quem estivesse lá dentro. Era proteção necessária à segurança das religiosas, mas que não conseguiam evitar o clamor de quem busca por um prato de comida. O grito daquelas crianças era pura aflição. Diante daquela proteção, toda a tentativa era válida e os maiores e mais fortes acabavam ganhando a briga do empurra-empurra, deixando os menores ainda mais afastados da chance de conseguir uma sobra de alimento. A voz dos pequenos tinha a dolorosa força de atravessar o alto do portão de ferro e perturbar a todos, especialmente a mim. As missionárias nada podiam fazer pelas crianças que estavam fora da alça protetora do projeto social.

As brasileiras sabem que, se abrirem qualquer exceção que seja, poderão estar dando margem para um problema que jamais conseguirão contornar. Por mais doloroso que seja, as ações sociais comandadas pelas missionárias não têm como objetivo principal sanar a fome das crianças que dele participam. O alimento é apenas uma espécie de recompensa pelo esforço que as crianças fazem em aprender alguma coisa para o futuro. E são poucas as crianças que conseguem uma vaga.

Uma das "sortudas" era Wilda André, que considerava o prato de comida como uma gratificação energética pelo tempo de estudo que dedicava. Quando a conheci, ela tinha 18 anos, feições fortes, cabelos bem adornados e vestia-se de forma impecavelmente bem cuidada, que em nada representava a pobreza cuja realidade ela não conseguia evitar.

Na casa onde Wilda morava, com mais seis pessoas, a luz de uma vela era a única claridade a iluminar a residência, que tinha apenas duas peças, sem piso nem água encanada. Do lado de fora, uma pequena bacia com água era usada por ela e os demais integrantes da família para o banho. Sem espaço na casa, eles faziam um revezamento para que todos pudessem dormir por algumas horas. Enquanto parte da família estava deitada, outra buscava alguma atividade no país onde não há emprego para a maioria da população, em um local onde a mão de obra qualificada, por menor que fosse, era praticamente inexistente.

Wilda engrossava as estatísticas da falta de qualificação específica, mas não desistia. Nem que para isso fosse necessário caminhar longos percursos em busca de um fio de energia que iluminasse seus estudos. Todas as noites, ela saia de casa com o caderno embaixo do braço para procurar um poste com iluminação pública, onde conseguia estudar. Sentada no meio-fio da calçada, ela repetia a lição em voz alta, ao lado de outros colegas que também buscavam a mesma iluminação pública para estudar.

Durante o período escolar, os jovens haitianos chegam a enfrentar quatro testes obrigatórios exigidos pelo governo.

Eis um dos grandes motivos da evasão escolar, uma vez que, caso o estudante não passe nas provas, é preciso que seja feito o pagamento de uma taxa para que o exame seja repetido. Como a maioria dos pais não tem recursos para quitar o valor exigido, as crianças e os jovens acabam abandonando os estudos, boa parte antes mesmo de terminar a primeira etapa do ensino. O índice de analfabetismo no Haiti chega a 55% da população[18]. No país caribenho, a maioria dos 4 milhões de crianças em idade escolar não frequenta salas de aula por falta de condições econômicas e 75% das crianças das zonas rurais não têm acesso à educação.

Era exatamente dessas estatísticas que Wilda tentava fugir o máximo que pudesse. Para não precisar abandonar a escola, a adolescente buscava a iluminação pública para estudar as lições. Ela não era a única. As noites haitianas que antecedem as provas escolares são caracterizadas por longas peregrinações de estudantes em busca das raras luzes públicas. É lá, embaixo dos postes, que as crianças e os jovens estudavam em voz alta, em uma leitura que de tão sincronizada parecia até ensaiada.

Já não bastasse a falta de estrutura histórica do Estado, eventos climáticos têm o poder de agravar ainda mais a fragilizada educação haitiana e, por consequência, aumentar ainda mais a fome. Em 2016, logo após a passagem do furacão Matthew, cerca de 16 mil estudantes pararam de frequentar o colégio por causa da destruição causada pelo vento forte nos municípios de Les Cayes, Port Salut e Jérémie, onde morava Wilda.

Na tentativa de amenizar os problemas, a ONU anunciou a liberação de 3,5 milhões de dólares para um fundo do

---

18. https://www.hrw.org/pt/world-report/2016/country-chapters/285575

país, criado especialmente para gerir recursos para a educação. Porém, passados mais de quatro anos do acidente, não se sabe o quanto do dinheiro foi aplicado e, especialmente, quantas crianças conseguiram retornar às escolas que haviam sido destruídas. A falta de uma imprensa forte em solo haitiano dificulta extremamente o acompanhamento das informações que dizem respeito aos investimentos no país.

Não foi diferente do que aconteceu após o terremoto que deixou mais de 300 mil mortos na região metropolitana de Porto Príncipe, em janeiro de 2010.

Nos dias seguintes ao cismo, enormes filas se formaram em frente a igrejas e especialmente à sede da embaixada dos Estados Unidos, que fica bem próximo ao aeroporto principal de Porto Príncipe. Aquele local era o sonho de chegada de todos os que vinham do interior do país e até mesmo dos que moravam na capital, destroçada pelo terremoto.

Foi esse o primeiro cenário que prestei a atenção tão logo consegui sair do aeroporto, dois dias depois de o país ser atingido pelo maior sismo de sua história. O local estava fechado para voos comerciais e tomado por religiosos, missões de voluntários e militares de diferentes locais do mundo que se deslocaram até o Caribe com o selo de auxílio diante do colapso causado pelo tremor.

Na tarde daquele 12 de janeiro de 2010, o terremoto sacudiu o país e fez o Haiti retroceder à situação econômica que tinha em 2001, quando 71% da população local sobrevivia com menos de dois dólares ao dia.

Na embaixada norte-americana, os grandes muros em tom cinzento, extremamente altos e com cercas elétricas, impediam a aproximação de qualquer uma daquelas centenas de pessoas que formavam uma longa fila em busca de acolhimento. Todos aqueles haitianos buscavam mais que a escassa comida e água, itens de primeira necessidade que eles tampouco possuíam de forma satisfatória bem antes de o tremor brandir a capital. Todos queriam acreditar que aqueles portões da Embaixada uma hora iriam se abrir e, lá dentro, um mundo de possibilidades iria ser apresentado. Água em abundância, comida na mesa... Era a grande redenção que todos eles buscavam, como uma chegada ao paraíso.

Militares norte-americanos, com suas fardas camufladas em tom claros, completavam a segurança do local. Fortemente armados, eles impediam qualquer aproximação do portão principal. Na mínima tentativa de qualquer um forçar a entrada, tiros eram disparados – como eu mesma pude presenciar inúmeras vezes – e todos saiam correndo, dispersando a fila, pisoteando quem ficasse para trás.

Diante da calamidade instalada no país, os miliares norte-americanos e os demais que ali estavam em missões não se comoviam nem mais com os choros das crianças que imploravam por comida. Nem eu mesma podia ceder à tentação de oferecer um biscoito ou um gole de água a qualquer haitiano que fosse. Caso fizesse isso, poderia ser linchada no local. Não pela violência do ato em si, mas pelo desespero que todos ali tinham em conseguir algo para se alimentar. No Haiti, é preciso ser forte de todos os lados. Desde os que sobrevivem às condições do país – do nascimento à morte – até os que lá vão por diferentes motivos, como era o meu caso, que cheguei no pós-terremoto devido ao meu trabalho jornalístico.

Em todas as vezes em que estive no Haiti, aprendi a blindar-me, tal como determinava a regra máxima da sobrevivência de jornalistas em zonas de conflito. Sempre soube que não seria saudável, nem para mim, pessoalmente, nem para o meu trabalho, deixar-me comover com a dor do povo haitiano diante deles próprios. Era preciso tratar aquele colapso de sofrimento como algo com o qual eu estava acostumada. No entanto, no fundo, não sou de pedra. Meus sentimentos não eram nem são intocáveis. E o Haiti e suas pessoas são uma ebulição capazes de mudar minhas concepções para a vida toda.

No Haiti, crianças como o pequeno Samuel estão fora de projetos sociais e não têm condições de ir à escola, engrossando as estatísticas do analfabetismo e do trabalho infantil. Foto: Hector Retamal/AFP

Por essas e outras experiências que tive no Haiti, é comum eu me deparar com a imagem de Wilda e pensar no que terá sido daquela jovem linda e tão dedica, que teria idade para ser minha filha. Terá ela conseguido estudar? Estaria ainda viva diante de tantas dificuldades?

Independentemente do que tenha acontecido nos anos seguintes do nosso encontro, e mesmo que Wilda não tenha conseguido completar seus estudos, o que não é raro por lá, espero que ela tenha conseguido enxergar suas conquistas e se considerar uma privilegiada. Ao ter alcançado uma vaga no projeto social das religiosas, a jovem não precisou passar por humilhações e violências que outras crianças e adolescentes haitianos tiveram de enfrentar em busca de um prato de comida.

Predadores de corpo

Não é fácil transcrever em páginas a dor de tantas pessoas que eu sequer conhecia há até pouco tempo atrás. Cada momento por elas lembrados, cada toque em seus corpos que me foi detalhado é de uma dor e uma fúria tão imensamente profundas que sinto como se as letras que compõem cada palavra fossem capazes de ultrapassar as barreiras geográficas e chegar até o meu mais clandestino sentimento.

Quisera eu não ter raiva, em momento algum. Trabalhei muito para que isso não acontecesse. Porém é impossível não se abalar com o sofrimento alheio, ainda mais quando há crianças envolvidas. Indefesas, sem cuidado e sem carinho, vítimas de uma devastação econômica e social que as colocam como moedas de troca para a estupidez humana, que encontra no Haiti estímulos para se manter.

Recorri às minhas bases de força. Acendi velas, orei e pedi proteção, não só a mim, mas a todos os que, de uma forma ou outra, me ajudaram a chegar aqui. Alguns, como mais breve vou detalhar, sofrem constantemente com ameaças de morte por não permitirem que representantes da Igreja Católica saiam impunes das atrocidades que cometeram em solo caribenho. Por vezes, diante do pequeno altar que mantenho estruturado no quarto, deparei-me em meio a um paradoxo, entoando preces católicas que aprendi ainda quando criança, recordando de palavras que padres proferem em suas celebrações, enquanto pedia respaldo a mim mesma para que pudesse seguir no trabalho de desnudar as mazelas de representantes da Igreja Católica em solo haitiano.

Senti-me como uma cínica por me utilizar de orações enquanto procurava forças para seguir desvendando ao mundo que a mesma Igreja que protege tem em seus quadros quem usa de seus poderes para violar seus filhos mais debilitados, e se recusa a ajudar crianças vítimas. E foi na filosofia que encontrei consolo às minhas próprias inquietudes. Não que eu acredite que os religiosos – que aqui serão expostos por usarem da proteção de suas batinas para violentarem crianças –, tenham em algum momento pensando nessa relação, mas o fato é que, mesmo antes do nascimento de Cristo, já havia quem não estivesse preocupado com o sofrimento alheio.

Para os seguidores da Filosofia Cínica, corrente criada por Antístenes no ano 400, o homem não deve se deixar abalar pela morte, nem mesmo pelo sofrimento, nem dos outros, tampouco do seu próprio. Talvez isso explique o fato de tantos religiosos usarem do calvário de crianças como estímulo para seus prazeres, esquecendo-se até mesmo da filosofia dos Epicuristas (341-270 a.C.), de que o prazer em excesso gera efeitos colaterais.

Para os clérigos pedófilos, o poder que exercem sobre seus seguidores serve como um mecanismo de apelação, em que o prazer se difunde por meio dele. Se para alguns a consequência do prazer foi a prisão, a outros chegou à morte. Para a maioria, contudo, ainda não houve punição. E seguem atuando.

O que é pior. Tudo me leva a crer que, no Haiti, parte das crianças e dos jovens que entra na Igreja Católica, ou qualquer outra missão de apoio social e educacional está em busca de, para além de conforto espiritual, de um prato de comida, ou de qualquer outro tipo de alimento que possa suprir suas necessidades mais urgentes. Ao descobrir essa relação, alguns representantes da Igreja Católica aproveitaram-se da fraqueza do Estado haitiano e de sua população para, além de inserir modelos educacionais e de evangelização pela manutenção da fé, satisfazer seus mais perversos prazeres. Foi nessas condições que os predadores de corpos encontraram um fértil território para agir de forma praticamente impune.

É isso que difere os abusos sexuais cometidos por padres em território haitiano de outros tantos casos, como os que abalaram comunidades dos Estados Unidos no começo dos anos 2000, e os que resultaram na queda de toda a cúpula da Igreja Católica do Chile, em 2018. No país caribenho, o padre ou missionário que esconde por baixo da batina a figura de abusador não utiliza palavras doces para se aproximar das famílias religiosas tradicionais para chegar até as casas e abusar de suas crianças. A confissão também não é uma estratégia usada por eles para se aproximarem das vítimas. Em um país tão debilitado quanto o Haiti, nem residência boa parte das crianças possui, quem dirá uma família que frequente a Igreja em busca de conselhos e abrigo espiritual. O que a maior parte da população quer, seja adulto ou criança, é comida ou remédios para ter forças de sobreviver a mais um dia de sofrimento. E é desse calvário que os criminosos se aproveitam.

Embora não haja dados oficiais, diversas denúncias ao longo dos anos dão conta de mais de uma dezena de padres e teólogos, ou missionários, envolvidos em casos de pedofilia no país, sendo que a Justiça local permanece inerte aos relatos. Diante de tantos crimes a serem julgados, o crescimento das perversões sexuais religiosas torna-se fruto da interferência de diferentes tipos de poder sobre os corpos e seus prazeres.

Nesses casos em análise, os poderes em questão são dos próprios clérigos da Igreja e autoridades do Estado haitiano, que se mantém inerte sob o receio de perder o pouco de ajuda que tem e ainda poderá ter da Igreja Católica, que sustenta tanto a base educacional quanto a social do país.

A troca de sexo por um prato de alimento ou por remédio tornou-se algo relativamente comum, especialmente nas comunidades mais carentes do país, como as cidades que cercam a região da grande Porto Príncipe.

Em um país como o Haiti, onde quase 80% da população sobrevive abaixo da linha da miséria, com menos de US$ 2 por dia, não foram apenas religiosos que descobriram a pobreza como fonte de prazer fácil. A presença de tropas militares no país por meio da Missão das Nações Unidas para a Estabilização no Haiti (Minustah) agravou ainda mais esse cenário. Nos 13 anos de atuação militar comandada pelo governo do Brasil, não foram poucos os casos de abusos sexuais cometidos por militares contra crianças e mulheres. Em 2017, um relatório interno da ONU, vazado pela agência de notícias Associated Press (AP), apontou que, entre 2004 e 2016, a ONU registrou no Haiti 150 denúncias contra soldados estrangeiros, incluindo brasileiros, nigerianos, uruguaios e paquistaneses.

Uma garota, na época com 14 anos, contou à reportagem da Associated Press que teve relações com soldados diariamente em troca de alimentos, como bolachas e suco. Outro menino descreveu ter sido estuprado por mais de 20 soldados do Sri Lanka. De acordo com a reportagem da AP, os abusadores retiravam os nomes dos uniformes antes de encontrar o garoto, ao modelo de padres que tiravam a batina para violentar suas vítimas. Assim como ocorre com os religiosos, não se tem conhecimento de que algum militar tenha sido investigado pelas autoridades haitianas, e como consequência, punido por violações sexuais cometidas contra cidadãos haitianos. Mais um capítulo da violada história haitiana.

Menina ouvida pela AP, em 2017, que contou que foi vítima de abusos sexuais de militares em troca de comida. Dieu Nalio Cher/AFP

4

EM NOME DO PADRE

Espírito Maligno

A conversa que tive com a freira às margens do mar azul do Caribe pode ter colocado fim ao assunto para ela, no entanto para mim era apenas mais uma peça desse jogo de poder da Igreja Católica, em que o mais fraco sempre sai perdendo.

Apesar da tentativa dela de evitar o assunto, posteriormente descobri que o canadense a que a religiosa se referiu anos depois era um padre diocesano português, de nacionalidade canadense, que atuou no Haiti por mais de 10 anos e que foi condenado no Canadá pelos crimes de pedofilia que cometera no país caribenho. Seu nome: João José Correira Duarte, conhecido como John Duarte.

Durante mais de 10 anos, ele carimbou marcas de violência nos corpos de pequenas crianças, que acreditavam que ele pudesse ser uma redenção na busca do ensino que tanto aqueles menores sonharam. Ordenado sacerdote em 1996, na província de Ontário, no Canadá, Duarte pouco atuou no país, localizado no topo da América do Norte. Seu foco sempre foi o Haiti, onde trabalhava como missionário desde 1990, em um orfanato de meninos (Orfanato São José de Delmas 91), em Porto Príncipe. Abaixo, o documento que mostra a participação de John Duarte no orfanato.

Sem deixar de atuar em nenhum momento no Haiti, durante o período em que foi sacerdote, Duarte foi recolocado em quatro paróquias canadenses num período de seis anos, segundo mostram registros da época dos Diretórios Católicos Canadenses (CCCD), em uma prática comum de transferência de padres culpados sempre desenvolvida pela cúpula da Igreja Católica em todo o mundo. Assim, ao que diz respeito ao Canadá, os rastros do padre pedófilo foram apagados pelos superiores da Igreja Católica, ou ao menos mantidos debaixo do tapete da sacristia.

Ao longo dos anos, contudo, as idas e vindas de Duarte ao Haiti tornaram-se mais intensas, e ele pouco parava em solo canadense.

Em 2003, porém, foi registrada sua saída do sacerdócio, por motivos não tornados públicos pela Igreja Católica. O abandono da batina não resultou em uma redução de seu empenho em permanecer no Haiti, próximo das crianças com as quais ele buscava satisfazer seus prazeres carnais. Pelo contrário. Duarte fez uso de toda a sua influência e do auxílio de lideranças católicas que possuia para fundar uma organização de amparo ao Haiti, que captava recursos no Canadá junto aos fiéis mais fervorosos da instituição. A Hearts Together for Haiti (HTFHaiti)[19], até hoje em funcionamento em solo haitiano, desenvolve trabalhos voltados para crianças e adolescentes – todos meninos – com foco nas mais debilitadas áreas estruturais do país: a saúde e a educação.

Foi contra os menores atendidos pelo projeto que Duarte cometeu boa parte de seus crimes. E foi por meio dessas vítimas que, depois de mais de 10 anos de crimes, Duarte foi denunciado à direção da instituição, com sede

---

19. http://www.htfhaiti.org/Hearts_Together_for_Haiti/Mission_%26_Mandate.html

no Canadá. Era meados de 2006 e uma gama incontável de crianças já havia sido violentada por ele, quando as primeiras denúncias chegaram.

Entre suas vítimas estava Alix LaTortue, um jovem que teve coragem de deletar com os detalhes mais sórdidos a violência sexual que sofreu por um período que se estendeu por cerca de três anos. Na denúncia feita em 2010 pela Procuradoria de Justiça do Canadá, que resultou no indiciamento de Duarte junto à Superior Corte de Justiça do Canadá – e a qual tive acesso –, Alix relata como foi obrigado a tocar o corpo do padre (seu pênis), e fazer sexo oral com o religioso. Durante o período em que a violência foi cometida, John ainda era sacerdote diocesano, com todas as honras que a Igreja Católica permite a seus representantes, especialmente os que atuam em ações sociais.

As violações cometidas pelo religioso ocorreram na sede da instituição por ele fundada, o HTFHaiti, em Labadee, região norte da ilha caribenha, que é considerada um ponto turístico do país mais pobre das Américas. Foi lá, diante de um mar de azul tão intenso quanto o que as freiras me levaram para conhecer e onde falamos pela primeira vez sobre o doloroso assunto, que Alix foi inúmeras e incontáveis vezes violentado, como mostra o trecho abaixo, extraído da denúncia oficial feita à Superior Corte de Justiça Canadense.

```
C A N A D A,                    )        CR+0-1942
                                )
PROVINCE OF ONTARIO,            )        I N D I C T M E N T
                                )
SOUTHWEST REGION.               )


        IN THE SUPERIOR COURT OF JUSTICE


                HER MAJESTY THE QUEEN

                    against

            JOAO JOSE CORREIRA DUARTE


JOAO JOSE CORREIRA DUARTE STANDS CHARGED:

  1.  That he on or between the 1st day of January, 2000 and the
      1st day of January, 2003 in the Town of Labadi, Haiti or
      elsewhere in the Country of Haiti, being in a position of trust
      or authority towards Alix LaTortue a young person, did for a
      sexual purpose invite Alix LaTortue a young person to touch
      directly with a part of his body, to wit his penis, the body of
      Joao Jose Correira Duarte,

  CONTRARY TO SECTION 153 (1) (b) OF THE CRIMINAL CODE OF CANDA
```

Embora a denúncia solitária já fosse capaz de mudar o destino do padre no Canadá, Alix não foi o único a se encorajar na dolorida tarefa de contar a estranhos os detalhes mais perversos da violência que sofreu. Entre 1º de janeiro de 2005 e 15 de junho de 2006, na mesma cidade de Labadee, Teschler Dortielus, outro menino que era atendido pelo projeto fundado pelo religioso, tornou-se mais uma vítima a engrossar as estatísticas dos violentados por representantes na Igreja Católica no Haiti.

Assim como Alix, o garoto, que tinha menos de 15 anos, fora violentado inúmeras vezes pelo religioso. Com a mesma exigência de sempre, John Duarte obrigou que o menor tocasse suas partes intimas, com cuidado especial ao seu pênis, como narrou Teschler à Justiça canadense. O religioso usava sua superioridade perante a criança, ameaçando-a de expulsão do projeto caso não cedesse aos seus desejos. Terminado o processo de satisfação sexual do padre, Teschler recebia em troca alimentos, dinheiro e remédios. Pagamentos insignificantes que jamais conseguiram colocar fim à vergonha e ao medo que ele vai carregar para a vida toda.

Os pagamentos feitos por Duarte aos menores em troca de sexo eram itens que o Estado haitiano deveria prover e que, ao terceirizar para a Igreja Católica, tornou-se tão culpado pelos crimes quanto o padre pedófilo. Não só o religioso, mas também o Estado haitiano deveria ser punido pelas violações cometidas contra seus filhos. No entanto, como o sistema judicial daquela metade da ilha caribenha é tão inerte quanto as imagens dos santos que ornam as igrejas, o destino de Duarte só começou a ser alterado quando as violações chegaram ao conhecimento das autoridades do país cuja nacionalidade ele adquiriu ainda muito jovem.

Perante as leis canadenses, o religioso havia cometido um crime grave: violou o Código Penal Canadense, em especial o Artigo 153, que determina como apta de punição toda a ofensa cometida por uma pessoa que esteja em posição de confiança ou autoridade em relação a um jovem, exatamente como o que o padre tinha em relação às crianças atendidas pelo projeto que coordenava. Os crimes descritos na lei[20] canadense eram exatamente os que os jovens narraram à Justiça, que foram cometidos por Duarte. Dentre eles, descrevo dois, em especial:

---

20. https://laws-lois.justice.gc.ca/eng/acts/C-46/section-153.html

(a) para fins sexuais, toque, direta ou indiretamente, com uma parte do corpo ou com um objeto, qualquer parte do corpo do jovem; ou

(b) para fins sexuais, convida, aconselha ou incita um jovem a tocar, direta ou indiretamente, uma parte do corpo ou com um objeto, o corpo de qualquer pessoa, incluindo o corpo da pessoa que o convida, conselhos ou incitações e o corpo do jovem.

Ainda que não se conhecessem, Teschler e Alix tinham em comum as formas de violações exigidas pelo religioso, que começaram quando ele ainda era padre e se estenderam por mais de três anos após ele ter deixado o sacerdócio e passado a trabalhar como missionário, representante das ações da Igreja Católica no país.

A obsessão criminosa de Duarte pela violência sexual, contudo, ainda tinha espaço para mais perversidade, provando que o mais forte jamais será forte o bastante se não conseguir transformar sua força em direito e a obediência em dever[21]. Ele queria provar para os menores e para si mesmo sua força, e o sexo se transformou em instrumento. Era chegada a hora de Ednar Joseph ser o alvo da vez.

Ceder à força às vontades do padre foi, para Joseph, um ato de necessidade por tudo que ele e sua família careciam naquele momento, como comida e remédios. Bastou uma vez nas garras do predador sexual para o garoto não mais conseguir escapar da obrigação de satisfazer as necessidades do religioso. A força do ter, do querer e do poder que Duarte exercia sobre o fragilizado jovem era um ato tão intenso que Joseph jamais cogitou contrariar, guar-

---

21. O Contrato Social. Jean Jacques Rousseau. Edipro. 2015.

dando em sua memória todos os detalhes das violências que sofreu.

Ao contrário dos demais menores, Joseph foi obrigado, além de tocar o pênis do padre, deixar que ele tocasse seu ânus e a fazer sexo anal com ele, como mostra o trecho que reproduzo abaixo da denúncia feita pela Procuradoria Geral de Ontario, no Canadá, contra o padre pedófilo.

```
- 2 -

3.  That he on or between the 1st day of January, 2003 and the
15th day of June, 2006 in the Town of Labaide, Haiti or
elsewhere in the Country of Haiti, being in a position of trust
and authority towards Ednar Joseph a young person, did for a
sexual purpose touch directly the body of Ednar Joseph, a young
person with a part of his body to wit, his anus, the body of
Joao Jose Correira Duarte

CONTRARY TO SECTION 153 (1) (a) OF THE CRIMINAL CODE OF CANADA


Dated this 30th day of March, 2019, at Windsor, Ontario.


Counsel acting on behalf of
The Attorney General of Ontario
```

Ao todo, foram 12 denúncias que envolveram menores haitianos com idades entre 12 e 17 anos, violentados pelo padre entre os anos de 1995 e 2005. Com base nelas, a Justiça do Canadá emitiu uma ordem de prisão contra o religioso, que renunciou ao cargo na Hearts Together for Haiti e fugiu do Haiti na tentativa de protelar uma eventual punição.

O destino escolhido por John Duarte foi a vizinha República Dominicana, onde ele se instalou e passou a trabalhar em um hotel como instrutor de mergulho para turistas. Foi lá que, aos 44 anos, Duarte foi preso em outubro de 2009. A Polícia da República Dominicana demorou quatro semanas para efetuar a prisão, depois de ter recebido uma nota diplomática da Embaixada do Canadá, datada de 28 de setembro. O mandado de prisão foi assinado por um juiz de Windsor, cidade onde Duarte foi sacerdote. Desde 2009, Duarte cumpre pena em regime fechado no Canadá.

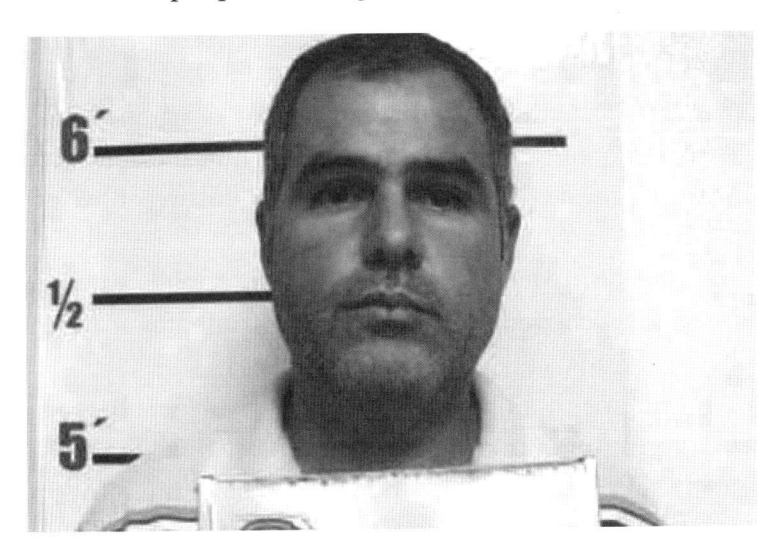

João José Correira Duarte, conhecido como John Duarte, que cumpre pena no Canadá por crimes de pedofilia contra menores haitianos. Registro feito pela polícia no momento da sua prisão em 2009, na República Dominicana. Foto: Reprodução.

O Embaixador pedófilo do Papa

Quando nasceu na pequena cidade de Mizema, na Polônia, em 15 de julho de 1948, Jozef Wesolowski não poderia imaginar que seria sob as bênçios da Igreja Católica, tão idolatrada por sua tradicional família religiosa, que ele iria ser alçado do céu à prisão.

Seu rosto de aparência tranquila, a voz suave e sua intensa capacidade de articulação o credenciaram rapidamente aos mais altos cargos da Igreja. Em apenas 27 anos, Jozef Wesolowski passou de padre a embaixador do Papa João Paulo II, o mesmo que, ainda como Cardeal, concedeu-lhe o título de padre em meados de 1972, na Polônia.

Sob as bênçãos do Santo Padre, a hipocrisia da mente doentia de Wesolowski expandiu seus caminhos da Ásia às Américas, deixando um rastro de vítimas em grande parte sem rosto, que descobriram o real significado do inferno pelas mãos do pedófilo de mais alto grau já reconhecido pela Igreja Católica.

O catálogo de abusos cometidos pelo Núncio ampliou suas páginas, corrompidas por dores e sofrimentos ao longo da sua atuação como representante do Papa.

Embora estudos psicológicos que envolvem integrantes da Igreja Católica apontem que casos de pedofilia se estendem durante longos anos e não apenas em um local específico ou com uma única vítima, não há registros oficiais de crimes cometidos por Wesolowski no período que antecedeu sua atuação nos países caribenhos, que teve início ainda na primeira década dos anos 2000. Entre 2008 e 2013, período em que estive duas vezes no Haiti, o polonês atuou, ao mesmo tempo, como Núncio da Igreja Católica na República Dominicana, como representante da Santa Sé no Haiti, e como Delegado Apostólico em Porto Rico, cargos de mais alto grau diplomático do Vaticano em um país. Foi indicado para as funções pelo Papa Bento XVI – alvo de inúmeras críticas por mitigar, ao longo dos anos, inúmeros casos de abusos cometidos por seus apadrinhados – depois de ter passado com o mesmo ofício pela Bolívia e pela Ásia Central (Cazaquistão, Quirguistão, Tadjiquistão e Uzbequistão).

A missão conjunta nos três países deu-se devido à proximidade geográfica da República Dominicana com o Haiti e Porto Rico, algo comum na Igreja, especialmente por levar em consideração a contenção de gastos – relevante em uma época em que o catolicismo enfrenta uma crise diante das Igrejas Evangélicas – e a similaridade cultural entre os países. Apesar da vizinhança entre os três, a base escolhida por Wesolowski para instalar residência foi a República Dominicana, país colado ao Haiti, mas com um grau de desenvolvimento econômico e social bastante superior ao pobre irmão da Ilha Hispaniola.

Ainda que tenha atuado nos três países, são praticamente inexistentes os relatos oficiais do Vaticano sobre a presença mais ativa de Wesolowski em solo haitiano. Ele, contudo, se fazia presente no que diz respeito ao interesse que manifestava em relação às crianças haitianas que residiam na República Dominicana, especialmente as que estavam no país de forma ilegal, e com as quais ele manteve íntimo contato ao longo dos seus últimos anos de atuação.

A despeito de a presença de haitianos na República Dominicana ser uma indesejável realidade ao governo do lado mais abastardo da ilha há longos anos, o cenário se tornou ainda mais ríspido aos haitianos a partir de 2010, após o terremoto que devastou a região metropolitana de Porto Príncipe, em janeiro desse ano. Em poucos meses, cerca de 200 mil haitianos cruzaram a fronteira de forma irregular rumo à outra metade da ilha e, mesmo dividindo espaço geográfico, a relação entre haitianos e dominicanos intensificou-se como um penoso litígio, em que o lado mais fraco sempre foi o do irmão mais pobre.

Foi nesse cenário que Wesolowski mapeou suas vítimas, dando atenção especial aos bairros mais carentes de Santo Domingo, a capital da República Dominicana, principal destino das famílias de haitianos que cruzavam a fronteira do país em busca de melhores condições de vida.

As atividades de Wesolowski, que acabavam por mantê-lo próximo dos menores, nunca foram de desconhecimento da Santa Sé. Exemplo ocorreu em março de 2012, pouco mais de dois anos após a invasão da República Dominicana por haitianos no pós-terremoto.

Entre os dias 13 e 14 daquele mês, Wesolowski foi um dos organizadores de um encontro entre lideranças religiosas que reuniu, entre outros, os arcebispos da República Dominicana, na época o cardeal Nicolás de Jesús López Rodríguez, e o presidente do Episcopado do Haiti, Monsenhor Chibly Langlois. Ao lado de Wesolowski, todos ali debatiam um tema em comum: a presença das crianças haitianas que estavam de forma ilegal na República Dominicana, a maior parte sem documentos e desenvolvendo trabalhos irregulares. Só entre os menores, o número de escravos, os chamados restavéks, seriam mais de 3 mil em solo dominicano, segundo dados da Pastoral da Terra e da Comissão Interamericana de Direitos Humanos[22].

A cultura de manter uma criança escrava, prática comum no Haiti, não é permitida no país vizinho, o que não impede que haja um elevado número de crianças nessa situação. A maioria delas foi vítima de tráfico humano, uma vez que essa prática passou a ser considerada crime no Haiti

---

22. http://www.cidh.org/annualrep/2001port/capitulo5f.htm

a partir de 2014, com a criação de uma lei nacional que prevê a punição de quem mantiver a guarda de crianças para a exploração de sua força de trabalho. Mesmo assim, a realidade para as crianças vítimas da atrocidade ainda não foi alterada, nem mesmo no Haiti, onde a cultura permanece sendo desenvolvida como resultado de uma Justiça praticamente inoperante.

Outros tantos menores continuam sendo sequestrados pelos traficantes e levados ao país vizinho, como recordou em detalhes uma jovem escrava haitiana aos representantes do Fundo das Nações Unidas para a Infância (Unicef): "Foi um dia trágico (o do sequestro). Vários soldados dominicanos nos agarraram pela camisa e nos golpearam. Quando chegamos ao nosso destino, nos fizeram trabalhar como animais, sem nos pagarem um centavo. E queriam violentar minha irmã e ainda obrigaram ela a se prostituir", recordou a menina, que teve a sorte de ser resgatada por uma das entidades que lutam contra o tráfico de crianças e adolescentes no país.

Não bastasse o tráfico humano infantil para a exploração de trabalhos domésticos e sexuais, a mão de obra do qual depende o sistema agrícola da República Dominicana foi, durante muitos anos, exportada de forma barata do Haiti, especialmente para a atuação nas lavouras de cana-de-açúcar. Aproximadamente 90% dos trabalhadores que operam nesse tipo de cultivo são haitianos. Alguns chegaram por conta própria, outros traficados – além disso, não são poucos os relatos, em solo haitiano, de pessoas que perderam seus familiares para os trabalhos do Vodu, transformados em zumbis e vendidos posteriormente para os empresários da cana-de-açúcar.

Dados da Fundação Australiana Walk Free, divulgados em 2016[23], mostram que a República Dominicana é o quarto país das Américas com maior concentração de trabalho escravo moderno. Informações do próprio governo dominicano indicam que existam entre 700 mil e um milhão de haitianos vivendo em condições irregulares no país. Enquanto isso, no Haiti, parte da população que acredita no Vodu considera que não exista conhecimento de mestre algum capaz de reverter um trabalho religioso Vodu, como se aceitasse quase que de forma passiva a escravidão para o trabalho forçado a que muitos são submetidos depois de terem passado por trabalhos de Vodu.

A situação tornou-se ainda mais delicada a partir de 2013, quando o Tribunal Constitucional da República Dominicana determinou que as crianças nascidas no país de pessoas que não são cidadãs locais não podiam ser consideradas dominicanas. A decisão foi retroativa a 1929, ano em que foram definidos os limites da fronteira entre os dois países, o que deixou milhares de pessoas sem *status* legal, tornando-as praticamente sem Estado.

Foi nesse cenário que Wesolowski encontrou um amplo terreno para suas perversões sexuais. Com sua "atenção" voltada à problemática das crianças haitianas, o Prelado pôde percorrer bairros pobres da capital dominicana em busca de menores que estivessem em situação debilitada, e que pudessem, por consequência, serem vítimas fáceis de seus crimes sexuais. Batizados de Bateyes, as povoações carentes, sem saneamento básico e com energia elétrica precária, que abrigam a maior parte dos haitianos irregulares

---

23. https://www.minderoo.com.au/walk-free/?utm_medium=301&utm_source=www.walkfreefoundation.org

na República Dominicana, foram os locais preferidos pelo representante do Papa para seus crimes.

Para além de representante máximo da Santa Sé nos três países (República Dominicana, Haiti e Porto Rico), Wesolowski era um sedutor nato. Homossexual, não escondia que sua preferência era por jovens e crianças de pele clara, mas, diante da dificuldade de encontrar vítimas com esse perfil em seu novo local de trabalho, deixou de se preocupar com a cor da pele, desde que suas vítimas passassem por uma espécie de seleção.

Para satisfazer suas perversidades dentro do que ele traçou como regra, o Prelado recrutava seus amantes, como fez com o diácono Francisco Javier Occis, a quem ele conheceu ainda quando Occis estudava Teologia em uma Faculdade de Santo Domingo. Bastaram alguns poucos encontros para que Wesolowski deixasse seu telefone com o jovem.

"Ele me deu um cartão de visitas e me disse para ligar para ele. No começo eu pensei que era uma amizade saudável e sincera. Eu era um estudante simples, um jovem simples se preparando para o sacerdócio", disse o Diácono ao portal laopinion.com, em 2016.

O curso de Teologia foi o caminho para que Occis se tornasse Diácono e, com isso, amante do Núncio. A história sexual entre o embaixador do Papa e o aspirante a padre teve, entre tantos cenários para orgasmos, até mesmo os ambientes da Casa do Núncio, na localidade de El Seibo, próximo a Santo Domingo, sem nenhum tipo de pudor ou receio de que pudesse haver alguma punição. Tão distante geograficamente do Vaticano, Welosowski acreditava que suas escapadas sexuais estivessem impunes, assim como o gosto pelas bebidas, especialmente a vodka. Até mesmo sua homossexualidade poderia ser mantida às escondidas uma vez que, embora não seja aceita pelo Vaticano, não é, até o momento, motivo de expulsão da Igreja – que com frequência encobre casos semelhantes ao do Núncio e do Diácono. Em seu livro "No Armário do Vaticano"[24], que trata do homossexualismo na Igreja Católica, o jornalista Frédéric Martel lança mão de anos de pesquisas para concluir que a onipresença de homossexuais no Vaticano não é uma questão de desvios, de "maçãs podres", como ele mesmo se refere. Na análise de Martel, o homossexualismo é um sistema que abrange a maioria dos representantes da Santa Sé. Nos cálculos dele, embora sem comprovação concreta, Martel estima que cerca de 80% dos representantes da Igreja sejam homossexuais.

A despeito de a homossexualidade ser considerada um reflexo dos casos de pedofilia que envolvem representantes da Igreja Católica, a condição sexual do Núncio não será tratada aqui com destaque. Detenho-me, sim, às doloridas marcas que a relação entre o Núncio e seus recrutadores imprimiram na vida de crianças e adolescentes que acreditavam que eles eram, nada menos, que enviados de Deus.

Sob a alçada de amante de Wesolowski, o Diácono tornou-se o agenciador das vítimas do Prelado. Durante os cerca de oito meses em que mantiveram o caso amoroso, Occis perdeu as contas de quantas crianças levou para a casa de praia do Núncio, em uma região turística da República Dominicana. Era ele quem mantinha o primeiro contato sexual com as crianças, negras e pobres, em boa parte descentes de haitianos ou até mesmo haitianas natas, antes de

---

24. No Armário do Vaticano – Poder, Hipocrisia e Homossexualidade. Frédéric Martel. Objetiva, 2019.

as levar até o Prelado, sempre em troca de dinheiro. Pelos serviços, o Diácono recebia, além do direito de se manter na cama de Wesolowski, um pagamento em dinheiro, que chegou a 36 dólares pelas crianças conquistadas.

"Ele era uma pessoa sexualmente doente. Mais do que crianças, eu digo que procurava (eu estava procurando para ele) qualquer coisa que satisfizesse seu apetite sexual", falou o ex-religioso.

Entrelaçado em meio aos argumentos do Núncio, Occis deixou florescer em si o gosto pelo censurado, que ia desde o homossexualismo na Igreja até o sexo proibido com menores, cuja busca se tornou, também para ele, uma constante aventura.

O Diácono escolhia e "provava" as vítimas do Prelado antes de entregar as crianças ao Núncio. Acariciava cada uma delas, tendo o cuidado em tocar nas partes íntimas dos menores para conferir o tamanho de seus órgãos genitais, e se estariam em conformidade com as exigências do Prelado, que gostava que as crianças se masturbassem a sua frente para que as pudesse filmar, antes de que a relação sexual fosse consumada.

Foi dessa forma que a teia de escândalos sexuais que envolveu o Embaixador do Papa deu início ao seu rompimento, em junho 2013, quando o Diácono foi preso por ter abusado de um jovem na praia. O estupro cometido por Occis contra o adolescente era o teste inicial para que, após, a vítima fosse entregue para satisfazer os prazeres doentios do Núncio, que aguardava dentro de um carro, em uma rua próxima de onde seu amante recrutava o jovem de 16 anos. Assim que Occis foi preso por abuso sexual e psicológico do garoto, Wesolowski deixou o local.

Ninguém pagou a fiança para que Occis deixasse a prisão, tampouco o Diácono recebeu uma visita sequer de seu amante durante o cárcere. Sentindo-se abandonado pelo Prelado, Occis escreveu uma carta ao Núncio e enviou cópia ao cardeal Nicolas de Jesus López Rodríguez, autoridade máxima da Igreja Católica na República Dominicana, e para o bispo dominicano Gregorio Nicanor Peña Rodríguez, contando sobre a relação homossexual entre eles e os abusos sexuais contra menores que ambos cometeram ao longo do período em que estiveram juntos.

"Nós ofendemos Deus e a igreja, abusando sexualmente de crianças por migalhas de dinheiro", dizia na carta, que finalizava com a seguinte frase: "Espero que você (Wesolowski) considere pedir a Deus para ajudá-lo a fugir dessa terrível doença de continuar a abusar sexualmente de crianças inocentes".

De posse da carta, Nicolas de Jesus López Rodríguez foi até a prisão colher o depoimento de Occis, que narrou ao cardeal detalhes do caso amoroso que mantivera com o Núncio, como ocorria o recrutamento de crianças e jovens escolhidos para satisfazer o Prelado e como o Núncio devorava sexualmente suas vítimas.

Seu relato sobre os abusos sexuais e homossexualismo chegaria, em seguida, ao conhecimento do Papa Francisco, o qual recebeu as denúncias do próprio cardeal, que foi até Roma, no Vaticano, para uma audiência com o Santo Padre. Apesar do conhecimento do Papa, foi necessário um novo escândalo sexual para que o Núncio começasse a ser punido.

Occis, contudo, perdeu de imediato o título de Diácono, que foi retirado pela Igreja Católica como punição pelos crimes cometidos contra menores. Ele foi condenado pela Justiça da República Dominicana a cinco anos de prisão em regime fechado pelos crimes contra menores. Ao sair, foi preso novamente pelo mesmo motivo.

Núncio Jozef Wesolowski, o Embaixador Pedófilo do Papa, que cometeu inúmeros crimes sexuais contra crianças e adolescentes. Foto: Reprodução.

Ex-Diácono Francisco Javier Reyes Occi, amante do Núncio e recrutador de menores para violações. Foto: Reprodução.

À esquerda, o cardeal Nicolas de Jesus López Rodríguez, que recebeu a carta do Diácono com os relatos de abusos cometidos pelo Núncio Wesolowski (à direita). Foto: Reprodução.

Ao religioso, o prazer

Para as pessoas que acreditam no amor e na compaixão como peças centrais para a manutenção da palavra difundida pelos representantes de Cristo, admitir que há nesse meio indivíduos em que o mal prevalece sobre eles é extremamente perturbador, já diria a psiquiatra Ana Beatriz Barbosa Silva[25].

Para além de Núncio, o embaixador do Papa, Jozef Wesolowski, era uma pessoa naturalmente má, com características que chegam a lembrar a dos psicopatas relatados na obra de Ana Beatriz, uma vez que ele não media esforços para satisfazer seus prazeres sexuais, independentemente

---

25. Mentes Perigosas – O Psicopata Mora ao Lado. Ana Beatriz Barbosa Silva. Objetiva. 2008.

do valor que tivesse de pagar por isso. Qualquer outra forma de castigo, além do dinheiro gasto, não parece ter sido temida pelo representante do Papa, que agiu ao longo de vários anos sem receio de qualquer tipo de punição.

Preocupado unicamente com seu próprio prazer, Wesolowski não titubeou em fugir tão logo presenciou seu amante ser preso e, embora as celas da prisão tenham sido suficientes para manter o Diácono Francisco Javier Occis distante dos menores – ao menos por um período, já que voltou a ser preso em 2016 – depois de cumprir um período da pena e ser libertado - igualmente por abusar crianças e adolescentes –, não foram capazes de amedrontar o Núncio do Papa. Pouco dias depois de Occis ter sido capturado, o Núncio fez as malas, pegou seu Jeep conhecido pelas crianças da região, e partiu para percorrer os 136 quilômetros que afastavam a confortável casa de praia que a Igreja Católica bancava a ele, na localidade de El Seibo, rumo à capital Santo Domingo.

A culpa e o remorso por qualquer ato cometido contra as crianças na comunidade praiana não estavam na mala do predador sexual. Em uma mente doentia como a do Núncio, não havia lacuna para qualquer tipo de penitência. Havia, contudo, espaço para a sedução, peça-chave para um jogo de poder religioso que deixou um rastro de destruição por onde passava.

Era chegada a vez de as crianças pobres dos Bateyes, as povoações que abrigam a maior parte dos haitianos irregulares que vivem em Santo Domingo, a capital da República Dominicana, serem alvos da ausência de escrúpulos do religioso. Os Bateyes, assim como o Centro Histórico de Santo Domingo, não eram desconhecidos das ações do Núncio, que já havia contado com o apoio de outro representante da Igreja Católica, igualmente pedófilo, para identificar suas vítimas no local em outras ocasiões: o Padre Wojciech Gil.

Conhecido como Alberto Gil Nojache, o padre, também de nacionalidade polonesa, esteve na República Dominicana entre os anos de 2009 e 2013, período em que deixou uma trilha de perversões tão grandes ou até mesmo maiores que as do Núncio. Sua atuação se deu basicamente no interior do país, na localidade de Juncalito, na região de Santiago, localizada a pouco mais de 170 quilômetros da capital Santo Domingo. Lá, o sacerdote era responsável pela Paróquia San Antonio de Pádua, que administrava uma escola da Igreja Católica no local. Sob a alçada do padre, estavam 180 crianças e adolescentes, todos meninos, boa parte deles vítimas das atrocidades sexuais do clérigo, que se estenderam por longos anos e só tiveram um fim no início de 2013, quando um jovem de 15 anos teve a coragem de contar a seu pai que o padre estava tocando em suas partes íntimas e dormindo na mesma cama que ele durante os passeios que faziam à praia, preferencialmente escolhida pelo padre na cidade de El Seibo, onde o Núncio Jozef Wesolowski recebia os visitantes nos finais de semana na casa da nunciatura. Lá, ao invés da proteção dos representantes de Deus, as crianças estavam presas a uma rede de pedofilia que as obrigava a manter silêncio, algumas até mesmo sob ameaça de morte.

Para manter o segredo de suas vítimas, o clérigo fazia uso de presentes que iam desde as tradicionais roupas e calçados até viagens para a Polônia no período de férias escolares, espécie de prêmio máximo concedido para os menores que conseguissem melhor satisfazer os desejos sexuais do padre, como relatou o vice-procurador-geral Bolívar Sánchez, responsável pelas investigações dos crimes cometidos pelo padre e pelo Núncio na República Dominicana, que nunca resultaram em punição na América Central.

Diante da inércia do governo local por castigo ao clérigo, o Coletivo Cidadania Ativa das Mulheres elaborou um relatório e o encaminhou ao Comitê dos Direitos da Criança das Nações Unidas em 18 de dezembro de 2013. O documento ao qual tive acesso, composto por 26 páginas, aponta que as violações cometidas pelo Padre Gil e outros pedófilos, como o Núncio, resultaram em consequências psicológicas que abalaram o desenvolvimento dos jovens violentados. Por meio do documento, a entidade pedia que fosse investigada uma suposta rede internacional de pedofilia que seria articulada pelo Núncio e pelo Padre em terras dominicanas. Infelizmente a rede de pedofilia acabou nunca sendo provada.

Independente de punições, a coragem da criança em falar aos seus familiares foi o princípio do desenrolar de um amplo novelo de violências que abalou a pequena localidade. Aos poucos, outros segredos foram sendo revelados, colocando em xeque toda a estrutura clerical formada em torno da mente doentia do padre pedófilo.

Estima-se que, das 180 crianças que estavam sob a coordenação escolar do Padre Gil, dezenas tenham sido violentadas, mas apenas oito tiveram coragem de contar a seus pais detalhes dos abusos de que eram vítimas. Foi com base nessas denúncias que as investigações das autoridades locais tiveram início, resultando em uma série de mandados de busca e apreensão que tornaram públicas minúcias dos crimes cometidos pelo pároco ao longo do período que esteve em Juncalito. Todos os atos criminosos eram documentados, com um sarcasmo típico de quem não temia qualquer tipo de punição, como relatou o Coletivo em seu documento enviado à ONU.

"Por otra parte podemos mencionar que, es muy probable que el sacerdote Polaco (*Alberto Gil*), sea parte de una red internacional de tráfico de menores, pederastía y pornografía infantil; lo que se sospecha debido a que según fuentes seguras – no oficiales – luego de que fuese incautada su computadora portátil y a la vez revisada por las autoridades, se encontraron más de 87,000 imágenes de pornografía infantil y pedofilia, unidas a links de páginas Web, una suma sorprendente de imágenes cuya recolección aviva la sospecha de que es probable que puedan estar siendo vendidas o negociadas a través del internet" (trecho do relatório do Coletivo Cidadania Ativa das Mulheres, página 10).

As investigações realizadas pelas autoridades locais apontaram que, além das violações físicas, o padre ainda obrigava parte de suas vítimas a vestirem roupas femininas para satisfazerem seus prazeres sexuais, algumas sendo ameaçadas inclusive diante de uma arma.

As provas dos abusos foram corroboradas por milhares de fotos e vídeos encontrados no disco rígido do computador que pertencia ao sacerdote e que ele tentou, com a ajuda de outro padre, esconder. Fora por meio desse desenrolar que os investigadores chegaram às relações íntimas e doentias que eram mantidas entre Alberto Gil Nojache e o Núncio, que filmavam e fotografavam as crianças, em um sarcasmo que a eles era sinal de prazer.

Para o Padre Alberto Gil, as imputações que o expunham sinalizavam o final de mais uma estada, em um processo de transferência usualmente mantido pela Igreja Católica, a fim de preservar a identidade de seus clérigos criminosos. Era hora de ele partir do interior, deixando para trás um colegiado de vítimas abusadas e sem perspectivas de conquistarem a punição de seu agressor, pelo menos não na República Dominicana.

Enquanto Alberto Gil Nojache preocupava-se em articular uma forma de deixar a República Dominicana sem que fosse punido pelos crimes que ele não mais conseguia manter em sigilo, Wesolowski tentava manter-se na capital Santo Domingo para dar sequência a sua caçada por vítimas. Vestido à paisana, traje que costumava usar desde 2010 quando saia para cometer seus crimes, o Núncio tentava passar por um integrante da elite local. As camisetas de grife, geralmente brancas, e o boné preto eram usados em substituição às vestimentas vermelhas, colocadas pelos Núncios em representação ao sangue de Cristo. Era vestido de forma mais despojada que o Prelado frequentava as regiões onde o turismo sexual impera na cidade.

Embora polonês, seu sotaque fez com que ele ficasse conhecido como "italiano" entre as crianças e adolescentes que ele buscava para seus crimes, basicamente, nos Bateyes e no Centro Histórico de Santo Domingo.

Sem limitar nenhum tipo de atuação, a orla de Santo Domingo também passou a ser alvo das perversões do Prelado, que caminhava pelo local usando roupas de academia nos finais de tarde. Assim ele era esperado pelos meninos pobres do local, que ganhavam dinheiro engraxando sapatos e submetendo-se às conversas que resultavam na troca de sexo por dinheiro. Para quem, como boa parte deles, não teria do que se alimentar no final do dia, a exploração sexual transformou-se em um câmbio necessário para suas próprias subsistências e até mesmo a de suas famílias. Foi dessa forma que o jovem Francis Aquino Aneury conheceu Wesolowski em 2010. Com 14 anos na época, o garoto, nascido no Haiti, filho de haitianos que viviam em condições precárias na República Dominicana, engraxava sapatos na orla da praia quando o Núncio o procurou para o serviço pela primeira vez. Bastaram dois encontros para o que o Prelado começasse a oferecer mais dinheiro para o jovem em troca de, inicialmente, estranhos serviços. O primeiro pedido foi para o Aneury se despisse e nadasse nu, sob o olhar atento do Núncio. Para tanto, o jovem engraxate, que ganhava em média US$ 1,25 (um dólar e vinte e cinco centos) por dia de trabalho, colocou no bolso o dinheiro de uma semana inteira de serviços – Jozef Wesolowski pagou US$ 10 (dez dólares) para ver o jovem nadar nu. Não satisfeito, voltou no dia seguinte. Aneury, que abandonou a escola aos 13 anos para ajudar no sustento da família, nunca havia visto tanto dinheiro de uma única vez e, claro, não titubeou ao se despedir, mesmo considerando que o ato não fosse correto.

"Ele definitivamente me seduziu com dinheiro. Me senti muito mal. Eu sabia que não era a coisa certa a fazer, mas precisava do dinheiro", afirmou o jovem à reportagem do The New York Times em agosto de 2014.

Depois de tirar a roupa diante do Prelado em troca de dinheiro, Aneury transformou-se em uma vítima fácil do Núncio, que passou a frequentar o local com regularidade, em busca do jovem haitiano. Foram seis semanas seguidas de visitas que jamais o jovem esqueceu, sempre com quantias superiores de dólares sendo depositadas no seu bolso.

Durante os encontros, que posteriormente se estenderem ao longo de três anos, o garoto chegou a receber até US$ 125 de uma única vez, dependendo do serviço que fosse prestado ao Núncio. Dessa forma, Aneury se masturbou diante do Prelado, deixou-se tocar por ele enquanto estavam em um banco da Orla, assim como frequentou a casa do representante do Papa, com quem manteve relações sexuais regulares em troca de dinheiro. Como pagamento, recebeu ainda tênis, roupas e alguns medicamentos, que serviam para ele próprio e para seus familiares.

Aneury, contudo, não era exclusivo quando o assunto era a busca criminosa do padre por prazer sexual com menores. Por muitos anos, Wesolowski contou com o apoio do padre igualmente pedófilo Alberto Gil Nojache para que, sob os amplos braços de proteção da Igreja Católica, mapeassem regiões mais debilitadas da capital dominicana em busca de vítimas vulneráveis, especialmente aquelas áreas em que acreditavam poder atuar sem deixar rastros que pudessem resultar em punição.

Por mais de três anos, foram inúmeras as crianças e os jovens levados para a cama do Prelado selecionados pelo Padre. Enquanto estavam um sob a proteção do outro, as infrações sexuais cometidas tanto pelo Núncio Wesolowski quanto pelo Padre Nojache não haviam sido descobertas. No entanto o desenrolar da teia pedófila resultou, primeiramente, nas imputações sobre os abusos cometidos pelo padre na localidade de Juncalito, ascendendo um alerta na comunidade dominicana que fragilizou o Núncio.

Rosto conhecido devido às inúmeras celebrações religiosas na capital e requisitado para diversas entrevistas, o Prelado considerou que o uso de um simples boné pudesse ser suficiente para mantê-lo imune aos crimes. Todavia, a regularidade com que frequentava pontos turísticos da capital em busca de suas vítimas e o excesso de álcool a que se submetia enfraqueceram o todo poderoso representante do Papa.

O caminho da sua derrocada iniciou quando ele foi reconhecido pelo dono de um dos bares onde costumava mapear suas vítimas, tarefa que começou a fazer sozinho depois que Nojache precisou se esconder das autoridades, que o buscavam pelos crimes de pedofilia.

Como um vício incontrolável, Wesolowski não demonstrava qualquer tipo de culpa sobre os efeitos devastadores que causava na vida de suas jovens vítimas. Para o Núncio pedófilo, as crianças carentes que se aglomeravam em busca de dinheiro eram nada menos que objetos para sua satisfação, que deviam ser usadas para o seu prazer quando bem quisesse e pelo preço que estivesse disposto a pagar. E assim seu bem-querer foi sendo ampliado, passando do que antes era apenas uma busca no final da tarde ou à noite para atuar em plena luz do dia. Sua impulsividade em busca de prazer sexual não deixava rastros para arrependimentos ou vestígio de culpa, mas foi acompanhada de perto por uma equipe de televisão local, que o flagrou em busca de suas pequenas vítimas e tornou pública a denúncia de abusos sexuais do Prelado. Em pouco tempo, era Wesolowski que estaria fugindo das autoridades locais.

Naquele mesmo meados de 2013, enquanto o Núncio tinha seus pecados carnais e criminosos expostos em rede nacional pela jornalista Nuria Piera, o Padre Nojache, já não mais integrante da Congregação São Miguel de Arcanjo, da qual fora expulso devido aos crimes, fugia com passaporte falso da República Dominicana rumo à Polônia. Em seu país natal, o padre chegou a ficar solto até outubro de 2013, quando foi preso depois de um mandato expedido pela Interpol. Quase dois anos depois, em março de 2015, o tribunal polonês condenou o padre a sete anos de reclusão, em regime fechado, pelos crimes de violência sexual contra menores de idade, sendo dois casos na Polônia (entre 2000 e 2001) e seis na República Dominicana (2009 a 2013), além do pagamento de cerca de 400 mil euros aos violentados. Ele também ficou proibido de chegar perto das vítimas e de trabalhar com crianças e jovens por um período de 15 anos.

Devido à ausência de um tratado de extradição entre a Polônia e a República Dominicana, o Padre Nojache nunca pôde ser punido no país da América Central. Ele também nunca mais voltou a ver seu amigo Núncio, o qual não chegaria a ser realmente punido pelos seus crimes, nem mesmo na Polônia.

Na foto, o Padre Alberto Gil Nojache (à esquerda) e o Núncio do Vaticano, Josef Wesolowski, em celebração na República Dominicana. Foto: Reprodução.

- El sacerdote católico tenía bajo su cargo 180 niños a los que formaba en "tarea de rescate.

- Las sospechas contra el religioso inician por la gran cantidad de monaguillos o ayudantes (180) que tenía a su alrededor, a los cuales "cuidaba". Los menores eran "premiados" con paseos a la playa y viajes a Polonia, todo pagado por el sacerdote, siempre y cuando se portaran "bien"[20].

- Aunque sólo 14 padres se han querellado formalmente contra el sacerdote, **suman varias docenas las víctimas de las violaciones sexuales** y el acoso (son menores de edad y adolescentes);

- Los padres presentaron las querellas en el Tribunal de Niños, Niñas y Adolescentes y en la Unidad de Violencia de Género de la Fiscalía de la provincia de Santiago[21].

- Existe una investigación a cargo del Ministerio Público en la cual se ha establecido que a través de una revisión del establecimiento donde ocurrieron los hechos, que se encontraron objetos comprometedores que no fueron revelados a la prensa.

Acima, trecho original do documento que foi encaminhado pelo Coletivo Cidadania Ativa das Mulheres, da República Dominicana à ONU.

O preço do pecado

Quando deu início ao rompimento com a Igreja Católica que culminou na Reforma Protestante, no século XVI, uma das questões que o teólogo alemão Martin Lutero alegava era que o indivíduo havia tido sua capacidade de discernimento afetada pelo pecado original, aquele em que, lutando pela sua independência, o homem feito à imagem e semelhança de Deus caiu em tentação. À época, essa foi considerada uma análise pessimista em relação à Igreja e à natureza humana, cuja defesa colocou Lutero diante de críticas intensificadas pelas suas 95 teses que, no ano de 1517, ele mesmo pregou na porta de Igreja de Wittenberg, dando início a uma nova era no mundo religioso.

A própria isenção das leis canônicas estava prevista nas teses de Lutero para o qual, por intermédio da morte, os moribundos já quitariam suas dívidas, independentemente de punições terrenas, especialmente as que viessem por meio de deferências canônicas. Em sua 13º tese, Martin Lutero resumiu o que, na época, era considerado punição máxima para quem cometesse qualquer tipo de transgressão que viesse de encontro às leis das Igreja: o preço do pecado é a morte[26]. E assim, ele mesmo teve sua punição.

Cinco séculos depois, quando em 2013 teve seus crimes expostos em uma das maiores redes de televisão da República Dominicana, Jozef Wesolowski já poderia saber que, da forma como cometera pecados, seu destino estava traçado.

---

26. Reforma Protestante – Uma breve introdução. Peter Marshall. L&PM Pocket. Edição Kindle, 2018.

Para Wesolowski, a morte era apenas uma questão de tempo e local. Ao romper barreiras éticas e morais da sociedade, o Núncio tinha conhecimento que seu pecado da luxúria fora muito além da busca por prazer, que poderia ter ficado sob a proteção das paredes do Vaticano desde que não fossem de conhecimento público. Aos dogmas da Igreja Católica, o Prelado era um representante a ser expurgado, não apenas pelos crimes de pedofilia, cometidos ao longo de tantos anos de atuação, mas especialmente por ter exposto a cúpula da Igreja em um escândalo de homossexualismo que ultrapassou linhas consideradas inaceitáveis pelo Vaticano: as da midiatização e do ativismo. Como bem descreveu Frédéric Martel, ser discretamente homossexual é fazer parte da paróquia: ser aquele que provoca o escândalo é se excluir da família. Era hora de o Prelado ser preterido.

Wesolowski foi o representante de mais alto grau eclesiástico já reconhecido como criminoso pela história da Igreja Católica em toda a sua longa história. Pouco mais de um mês após ter tido suas violações expostas, o Núncio foi chamado ao Vaticano de forma reservada, saindo da República Dominicana sem deixar rastros, em uma teia de apoio cuidadosamente tecida há anos pela Igreja, com o objetivo de preservar seus integrantes.

Inicialmente, o Vaticano limitou-se a destituir Wesolowski das funções de Embaixador do Papa, fato que ocorreu em agosto de 2013. A decisão foi tomada por Francisco, o Papa de linha mais liberal que assumiu o comando da Igreja Católica em fevereiro daquele ano. Alguns meses antes de Wesolowski ter perdido o cargo, o Papa - em entrevista concedida a correspondentes em 28 de julho, em voo que o trazia para o Brasil – já havia dado o direcionamento das decisões que viria a tomar.

"O abuso de menores é um delito. Os pecados não são. Se uma pessoa leiga, um padre, ou uma freira, cometeu um pecado e depois se converteu, o Senhor perdoa [...] Ainda não encontrei ninguém no vaticano que me apresente sua carteira de identidade com a inscrição gay. Dizem que eles existem. Creio que quando encontrarmos alguém assim, devemos estabelecer a diferença [...] Se uma pessoa é gay e procura o Senhor, se tem boa vontade, quem sou eu para julgar?", questionou o Papa Francisco, deixando claro que o motivo que levaria a uma já traçada punição do seu representante era pelo crime cometido contra menores.

O afastamento do cargo de Núncio e a série de denúncias contra o Prelado, que inicialmente chegaram ao Vaticano por meio dos relatos do cardeal Nicolas de Jesus López Rodríguez, foram corroboradas com documentos que compunham a investigação feita pela Procuradoria-Geral da República Dominicana, que apurou os casos no país. Os documentos foram todos centralizados pela Congregação Doutrina da Fé, espécie de tribunal criminal do Vaticano, responsável por investigar condutas de seus representantes, mediante casos de denúncias, e de determinar as punições, além de manter e defender as diretrizes católicas.

As investigações do Vaticano tiveram início em setembro de 2013, período em que o Prelado ainda tinha seu paradeiro oficialmente desconhecido, embora estivesse em Roma, fato sancionado pela própria cúpula da Igreja Católica.

Durante quase um ano, Wesolowski viveu sob a proteção do Vaticano, enquanto a Doutrina da Fé cumpria os requisitos da investigação de seus crimes, sem dar sinal de que a punição estive perto de ocorrer.

Em junho de 2014, contudo, a Congregação decidiu expulsá-lo de suas atividades ligadas ao sacerdócio, fazendo com que o Prelado perdesse sua imunidade diplomática, após condenação em primeira instância dentro do colegiado da Santa Sé, resultado de um processo administrativo penal canônico.

Dentro do Vaticano, porém, ele poderia permanecer imune aos olhos mundiais de uma condenação desde que não cometesse mais crimes, embora sua mente doentia não o tenha impedido de continuar suas práticas. Sem imunidade e sob uma série de denúncias documentadas que haviam sido entregues às autoridades vaticanas pela República Dominicana, o ex-Núncio foi alvo de uma operação da Polícia do Vaticano delicadamente estruturada, em setembro de 2014, que investigava crimes de pedofilia.

No computador pessoal de Wesolowski, instalado no confortável quarto que ele ocupava na sede do Papado, a Polícia encontrou mais de cem mil arquivos com fotos e vídeos pornográficos, de imagens baixadas da internet e fotografias que as vítimas foram obrigadas a fazer, sob ordem do ex-Prelado. A grande maioria das vítimas, segundo a polícia, eram garotos com idades que variavam de 13 a 17 anos, mas também havia algumas meninas fotografadas, em menor número, em poses sensuais. Em frente às câmeras, os garotos eram tocados nus e até forçados a fazer sexo um com o outro e com adultos.

O material encontrado sancionava as denúncias que haviam sido feitas na carta que o ex-diácono, amante preso do Núncio, escrevera para as autoridades dominicanas narrando os crimes, em junho de 2013. Para além da confirmação, dava suporte ao Vaticano para que pudesse se antecipar, prendendo o ex-Núncio, mantendo, de certa forma, suas regras de proteção, já que, sem identidade diplomática, ele poderia ser extraditado para a República Dominicana para responder por seus crimes.

A liberdade que Wesolowski conquistara no Vaticano foi narrada de forma revoltosa pelo então Bispo da arquidiocese de Santo Domingo. Em uma viagem a Roma, o religioso fez uso de uma rede social para expressar sua revolta com a própria Igreja e a inércia na condenação de seus criminosos.

"Para mim, foi uma surpresa ver Wesolowski passear pela Via della Scrofa, em Roma. O silêncio da Igreja feriu o povo de Deus", escreveu ele, em um *tweet* publicado em 23 de junho de 2014.

Exatamente três meses após a manifestação do Bispo, em 23 de setembro de 2014, Wesolowski foi convocado pela Doutrina da Fé para ser comunicado oficialmente da abertura de um processo criminal pelas acusações de pedofilia. No mesmo dia, foi informado pela promotoria de Justiça do Tribunal de Primeira Instância da Santa Sé que, dada a gravidade do material digitalizado encontrado em seu quarto, o Tribunal do Vaticano determinou uma medida restritiva, que consistia em prisão domiciliar.

A escolha pela forma, digamos, amena de prisão do ex-Núncio, sob a alçada do Vaticano, estaria relacionado com a condição debilitada de saúde do religioso, que teria comprovado problemas de saúde tão logo chegou ao Vaticano, registros que nunca foram tornados públicos.

Em documento assinado pelo diretor da Sala de Imprensa do Vaticano, Padre Federico Lombardi, aos quais

tive acesso por meio dos arquivos do Vaticano e reproduzo a seguir, é informado que a prisão do ex-Núncio foi determinada pela "vontade expressa do Papa, de modo que um caso tão sério e delicado seja tratado sem demora ela Santa Sé". Nele, o Diretor do Gabinete de Imprensa da Santa Sé, Pe. Federico Lombardi, S.I., divulgou a seguinte declaração: "Hoje, o Promotor de Justiça do Tribunal de Primeira Instância do Estado da Cidade do Vaticano convocou o ex--núncio Dom Józef Wesołowski, contra o qual havia se iniciado uma investigação criminal. O prelado – já condenado em primeira instância pela Congregação da Doutrina da Fé pela redução ao estado laico ao final de um julgamento administrativo canônico – foi notificado das acusações contra ele no processo criminal, por fatos graves de abuso contra crianças na República Dominicana".

Segundo o documento, a seriedade das objeções levou o escritório de investigação a ordenar uma medida restritiva que, à luz da situação médica do réu, comprovada por documentação médica, consiste em prisão domiciliar, com as limitações relacionadas, em instalações dentro do Estado da Cidade do Vaticano. "A iniciativa dos órgãos judiciais do Estado é consequência da vontade expressa do Papa, de modo que um caso tão sério e delicado seja tratado sem demora, com o rigor certo e necessário, com total assunção de responsabilidade pelas instituições chefiadas pela Santa Sé".

HOLY SEE PRESS OFFICE
OFICINA DE PRENSA DE LA SANTA SEDE

BUREAU DE PRESSE DU SAINT-SIEGE
PRESSEAMT DES HEILIGEN STUHLS

BOLLETTINO

SALA STAMPA DELLA SANTA SEDE

N. 0669

Martedì 23.09.2014

Dichiarazione del Direttore della Sala Stampa a proposito del procedimento penale a carico dell'ex nunzio Mons. Józef Wesołowski

Testo in lingua italiana

Traduzione in lingua inglese

Testo in lingua italiana

Il Direttore della Sala Stampa della Santa Sede, P. Federico Lombardi, S.I., ha rilasciato questa sera la seguente dichiarazione:

Oggi il Promotore di Giustizia del Tribunale di prima istanza dello Stato della Città del Vaticano ha convocato l'ex nunzio Mons. Józef Wesołowski, a carico del quale aveva avviato un'indagine penale. Al prelato - già condannato in prima istanza dalla Congregazione della Dottrina della Fede alla riduzione allo stato laicale al termine di un processo amministrativo penale canonico - sono stati notificati i capi di imputazione del procedimento penale avviato a suo carico per gravi fatti di abuso a danni di minori avvenuti nella Repubblica Dominicana. La gravità degli addebiti ha indotto l'Ufficio inquirente a disporre un provvedimento restrittivo che, alla luce della situazione sanitaria dell'imputato, comprovata dalla documentazione medica, consiste negli arresti domiciliari, con le correlate limitazioni, in locali all'interno dello Stato della Città del Vaticano.

L'iniziativa assunta dagli organi giudiziari dello Stato è conseguente alla volontà espressa del Papa, affinché un caso così grave e delicato venga affrontato senza ritardi, con il giusto e necessario rigore, con assunzione piena di responsabilità da parte delle istituzioni che fanno capo alla Santa Sede.

[01490-01.01] [Testo originale: Italiano]

Traduzione in lingua inglese

Statement of the Director of the Holy See Press Office regarding the penal proceedings involving former nuncio J. Wesołowski

Today, the Promoter of Justice of the Court of First Instance of the Vatican City State summoned the former

Como determinou por ordem expressa o Papa Francisco, Wesolowski ficou detido em um local interno, dentro da cidade do Vaticano, fechado aos olhos do público e liberto de qualquer condenação que pudesse vir a ser feita por outros tribunais que não os ligados à Santa Sé. Duran-te 10 meses, entre setembro de 2014, quando teve a prisão domiciliar ordenada, até julho de 2015, Wesolowski viveu em tranquila prisão domiciliar, sem que avançasse qualquer outra forma de punição pelos crimes por ele cometidos.

Além das investigações na República Dominicana, a Polônia também apurava as ações do ex-Prelado, em pro-cesso aberto contra o Padre Alberto Gil Nojache, que estava preso no país de origem de ambos. Nenhum dos dois países, porém, conseguiu avançar nas investigações, uma vez que o ex-Núncio estava sob a larga proteção Papal.

Em 11 de julho de 2015, um novo comunicado da Sala de Imprensa do Vaticano anunciava que, naquela manhã, havia iniciado a primeira audiência do proces-so penal conduzido pelo Tribunal da Cidade do Vaticano contra Wesolowski. Essa seria a primeira vez, na história do Vaticano, que um ex-representante do Papa seria jul-gado pela Santa Sé.

Porém, de forma tão imediata quanto ao mesmo tempo esperada, a audiência precisou ser suspensa tão logo teve início. O motivo foi problema "repentino" de saúde que teria impedido a presença do ex-embaixador do Papa no Tribunal, como consta no documento oficial do Vaticano.

"Esta manhã, às 9h30, no Tribunal Estadual da Ci-dade do Vaticano, a primeira audiência do julgamento cri-minal contra o ex-núncio na República Dominicana, Józef Wesołowski, levado a julgamento pelo crime de posse de material pornográfico infantil e atos de pedofilia".

Segundo do documento , o painel de jurados é com-posto por: Prof. Giuseppe Dalla Torre, Presidente; Avv. Piero Antonio Bonnet; Prof. Avolo Paolo Papanti-Pellettier; Avv. Venerando Marano, vice. O promotor da Justiça foi o Prof. Av. Gian Piero Milano, auxiliado pelos Prof. Av. Alessandro Diddi e Prof. Av. Roberto Zannotti. O religioso foi representado pelo advogado Prof. Avv. Antonello Blasi.

O documento do Vaticano mostra que na abertura da audiência, o Promotor de Justiça anunciou que o réu não estava presente no tribunal porque estava no hospital.

"O Tribunal reconheceu o impedimento de comparecer ao acusado, após o aparecimento de uma doença súbita, o que tornou necessária a sua transferência para um hospital público, onde ele atualmente está internado na unidade de terapia intensiva. De acordo com o art. 471 c.p.p.p., o Tribunal teve que suspender o julgamento e adiá-lo para uma data posterior, tendo que aguardar o término do caso que deu origem ao adiamento".

Daquela manhã até o dia 28 de agosto de 2015, a Santa Sé silenciou-se sobre Wesolowski, tanto em relação ao processo conduzido pelo Tribunal do Vaticano quanto à real situação do ex-Prelado. Por um período de 47 dias, não houve qualquer publicação oficial do Vaticano em relação aos novos procedimentos que seriam tomados sobre o processo do religioso, especialmente se haveria uma nova data de audiência marcada. O estado de saúde de Jozef Wesolowski permanecia desconhecido, dando margem a uma série de questionamentos que sempre vão nortear o processo do primeiro representante do Papa que seria julgado pelo Vaticano.

O silêncio do Vaticano em relação a Wesolowski foi

rompido por meio do comunicado oficial de número 0628, publicado no dia 28 de agosto de 2105. Por meio dele, o Vaticano informava que, na primeira hora da manhã daquele dia, Jozef Wesolowski havia sido encontrado morto em sua residência e, ao que indicava, a morte havia sido causada por "motivos naturais". No mesmo informe, restrito a cinco linhas, o Vaticano afirmava que uma autópsia já havia sido determinada e seria coordenada pelo promotor de Justiça da Cidade do Vaticano. O resultado, segundo o documento que consta nos arquivos do Vaticano, alega que a resposta da necropsia seria informado o mais breve possível.

HOLY SEE PRESS OFFICE
OFICINA DE PRENSA DE LA SANTA SEDE

BOLLETTINO

SALA STAMPA DELLA SANTA SEDE

BUREAU DE PRESSE DU SAINT-SIÈGE
PRESSEAMT DES HEILIGEN STUHLS

N. 0628

Venerdì 28.08.2015

Comunicato della Sala Stampa: decesso di S.E. Mons. Józef Wesołowski

Testo in lingua italiana

Alle prime ore di questa mattina è stato trovato defunto nella sua abitazione in Vaticano S.E. Mons. Józef Wesołowski, già Nunzio Apostolico.

È subito intervenuta l'autorità vaticana per i primi accertamenti, i quali indicano che la morte è dovuta a cause naturali. Il Promotore di Giustizia ha ordinato un'autopsia, che sarà effettuata oggi stesso e i cui risultati saranno comunicati appena possibile. Il Santo Padre è stato doverosamente informato di tutto.

[01375-IT.01]

Traduzione in lingua spagnola

En las primeras horas de esta mañana ha sido encontrado muerto en su habitación en el Vaticano S.E. Mons. Józef Wesołowski, ex Nuncio Apostólico.

Inmediatamente, ha intervenido la autoridad vaticana para llevar a cabo las primeras verificaciones, las cuales indican que la muerte se debió a causas naturales. El Promotor de Justicia ha ordenado la autopsia, que será efectuada hoy mismo y cuyos resultados serán comunicados apenas sea posible. El Santo Padre ha sido oportunamente informado de todo.

[01375-ES.01] [Texto original: Italiano - Traducción no oficial]

[B0628-XX.02]

De encontro à celeridade do julgamento do ex-Núncio, que nunca foi remarcado depois da primeira tentativa, o laudo de necropsia que atestava causas naturais para a morte do religioso foi tornado público em uma velocidade surpreendente. No sábado, o documento de número 0633, que também integra o rol de arquivos do Vaticano, informava em duas linhas que as "primeiras conclusões" davam conta de que o religioso havia morrido de causas naturais, decorrente de um "evento cardíaco". O documento oficial do laudo de necropsia não foi divulgado, mas, de acordo com a Santa Sé, foi realizado pela equipe do professor Giovanni Arcudi, do curso de Medicina Legal na Universidade de Roma, um antigo aliado requisitado sempre que necessário para serviços do Vaticano.

HOLY SEE PRESS OFFICE
OFICINA DE PRENSA DE LA SANTA SEDE

BUREAU DE PRESSE DU SAINT-SIÈGE
PRESSEAMT DES HEILIGEN STUHLS

BOLLETTINO

SALA STAMPA DELLA SANTA SEDE

N. 0633

Sabato 29.08.2015

Comunicato della Sala Stampa circa l'esame autoptico sulla salma di Mons. Józef Wesołowski

A seguito dell'improvvisa scomparsa, avvenuta nella tarda serata di giovedì 27 agosto u.s., del già Nunzio Apostolico Józef Wesołowski, l'Ufficio del Promotore di Giustizia vaticano, nell'ambito degli adempimenti di propria competenza, ha disposto l'effettuazione di un esame autoptico, nominando una Commissione peritale di tre esperti, coordinata dal Prof. Giovanni Arcudi, docente di Medicina Legale nell'Università di Roma "Tor Vergata".

Gli accertamenti sono stati effettuati nel pomeriggio di ieri e, dalle prime conclusioni tratte dall'esame macroscopico, risulta confermata la causa naturale del decesso, riferibile ad evento cardiaco.

Nei prossimi giorni l'Ufficio del Promotore di Giustizia acquisirà le ulteriori risultanze degli usuali esami di laboratorio effettuati da detta Commissione.

[01380-IT.01] [Testo originale: Italiano]

[B0633-XX.01]

De posse do documento original, um detalhe descrito no começo do comunicado levanta questionamentos sobre o término do caso do ex-Núncio nos limites do Vaticano. No informe publicado no sábado, 29 de agosto, a Santa Sé alega que houve um "súbito desaparecimento" de Wesolowski, que teria ocorrido na noite de quinta-feira, 27 de agosto, um dia antes da morte do religioso, que foi comunicada na manhã do dia 28. Agora, pensemos. Como poderia haver um desaparecimento do religioso, se ele estava cumprindo pena em prisão domiciliar desde 23 de setembro de 2014? Mais ainda: como ele poderia ter desaparecido do local em que estaria preso e ser encontrado morto na manhã do dia seguinte no mesmo lugar de onde teria desaparecido?

Embora tenha sido afirmado que o Gabinete do Promotor de Justiça iria adquirir os resultados adicionais dos testes de necropsia nos dias seguintes à publicação do comunicado, o informe de número 0633 foi o último em que o Vaticano fez referência ao ex-embaixador do Papa.

Sob os amplos braços de proteção da Igreja Católica, Wesolowski encerrou sua trajetória de crimes sexuais contra crianças e adolescentes, que foram da Ásia à América Central. Morreu sob a benção Papal, protagonista de um roteiro de crimes que teve supostas punições restritas às paredes do Vaticano, em uma morte tão cheia de dúvida quanto às condenações que nunca foram realizadas. A morte do Núncio, da forma como consta nos documentos oficiais do Vaticano, é uma lacuna aberta a respostas mais concretas que ainda devem ser feitas pela cúpula da Igreja Católica. Wesolowski foi anunciado morto, mas ainda faltam mais detalhes que expliquem sua morte e os motivos que fizerem o Vaticano agir de forma tão demorada em sua eventual punição.

5

Escravidão sem fim

"Somos negros, é verdade, mas diga-nos, cavalheiro, vós que
sois tão judiciosos, qual é a lei que diz que o homem negro deve
pertencer e ser propriedade do homem branco? Sim, cavalheiro,
somos livres como vós, e é apenas em razão da vossa avareza e
de nossa ignorância que alguém seja mantido em escravidão até
os dias de hoje, e que possamos sequer achar o direito que vós
pretendeis ter sobre nós. Somos vossos iguais, então, por direito
natural, e à própria natureza agrada a diversidade das cores
entre a raça humana. Não é um crime ter nascido negro, nem
uma vantagem ser branco ".

Trecho da carta enviada por lideranças haitianas aos revo-
lucionários franceses, em julho de 1792.

Restavéks de corpo e alma

O ano era 1996. René Preval, que chegou a ser rotulado de herdeiro político do ex-padre Jean Bertrand Aristides,
recebia do seu ex-aliado o cargo de presidente do país.

Apesar da grave crise política que se encontrava o Haiti, ambos protagonizaram um episódio que entrou de forma

positiva para a história local: em um país com um triste legado de violência associado à política, fora a primeira vez que um presidente, eleito de maneira democrática – embora tenha se mantido no poder com a ajuda de uma intervenção – passou o cargo a outro, também escolhido pelas urnas de forma democrática, em um pleito acompanhado de perto por observadores internacionais que tomaram à linha da frente eleitoral no Haiti.

Naquele mesmo ano, enquanto aquela metade da ilha tentava recompor sua democracia, os índices de violência ainda expunham suas feridas, resultado de selvagerias estratosféricas alcançadas no período em que Aristides ficou longe do palácio, devido a um golpe militar.

Nos três anos que antecederam a eleição, o Haiti esteve sob a alçada do exército dos Estados Unidos. Perante o comando do Programa Internacional de Investigações Penais e Assistência ao Treinamento do Departamento de Justiça dos EUA, a Polícia Nacional Haitiana foi reestruturada, porém a seleção dos novos integrantes não seguiu critérios que levassem em consideração a preocupação com os direitos humanos. Mais de três mil soldados permaneceram nas ruas do país entre os anos de 1993 e 1995, aumentando a impopularidade de um sistema policial que já nascia falido e agravando a crise social. A multiplicação dos registros de crimes comuns, como roubos, especialmente ligados a ex-soldados haitianos, rompeu as fronteiras do país e constou no relatório mundial publicado em 1996, pela organização Human Rigth Watch[27]. A consequência foi uma dilatação no número de assassinatos, que também alcançaram formas perturbadoras. Só em março de 1995, os registros oficiais apontam que 45 pessoas foram

---

27. https://www.refworld.org/docid/3ae6a8b73c.html

mortas nas ruas haitianas por métodos cruéis, como espanca-mentos e apedrejamentos.

Ao mesmo tempo em que o haitiano fazia justiça com as próprias mãos em relação aos crimes comuns em sinal de pura intolerância, a Igreja Católica aproveitava para reforçar sua presença, sobretudo no interior do país. Para além da educação como propulsora da conquista de um território a ser expandido, o catolicismo buscava um local onde pudesse ampliar a catequização do seu povo, alicerçado pela fragilidade da política haitiana. Para os fins de crescimento a que se propunha o catolicismo no Caribe, o Haiti representava, e ainda representa, uma terra nobre, especialmente pela presença robusta e influente dos cultos de Vodu, tradição que chegou com os negros, vindos da África, e que se estende até hoje com forte presença entre a população, mesmo que o catolicismo tenha constado como oficial durante a maior parte da história do país.

Para os muitos haitianos, em geral os de mais idade, manter a tradição das cerimônias que enaltecem os antepassados não deixa de ser uma forma de preservar vivas suas origens, bem como uma resistência à cultura imposta pela Igreja Católica, a qual representava, e pode-se dizer que ainda espelha, a pequena elite do país.

Historicamente, o Vodu se mostrou um inimigo em potencial para os planos de expansão do catolicismo. E se o Vodu como seita – ou religião –, prejudica o crescimento da Igreja, revela, também, um prejuízo aos planos de domínio das elites sobre a massa. A Igreja do Vaticano, que chegou e se instalou no Haiti com o apoio do governo do país caribenho, traz consigo uma moeda de troca pela conquista do território: erradicar os cultos de Vodu.

Para tanto, a relação de interesses estabelecida entre a Igreja Católica e o Estado Haitiano foi tão intensa que as cerimônias Vodu chegaram a ser consideradas crime pelo código penal haitiano, em uma intolerância religiosa que ultrapassou os limites da liberdade cultural. As penas foram desde a aplicação de multa até a determinação de prisão para os seus praticantes, quando identificados, como estabeleceu, em 1935, um decreto do então presidente Stenio Vicent. O documento oficial do governo Haitiano que ordena a punição, como apresento a seguir, está disponível nos arquivos da Biblioteca da Universidade da Flórida, nos Estados Unidos, estado que concentra a maior parte dos haitianos que migram para lá. Somente seis décadas depois da decisão foi que o governo do Haiti tomou consciência da importância e, principalmente, do respeito que o Vodu necessitava. Ironicamente (e para desespero da Igreja), coube ao ex-padre Jean-Bertrand Aristide assinar, no dia 4 de abril de 2003, um decreto que determinava o Vodu como também uma religião oficial.

A falta de tolerância da Igreja Católica em relação a religiões de matrizes africanas estava, a partir de então, uma vez mais sacramentada. Ao contrário do que se propunha, a batalha a que se comprometeu o catolicismo o transformou em um perigo à sociedade, a moldes semelhantes ao que já havia previsto Voltaire (1694-1778), um dos críticos mais convictos a favor da liberdade religiosa. "Quanto mais seitas houver, menos cada uma delas será perigosa; a multiplicidade as enfraquece; todas são reprimidas pelas leis justas que proíbem as assembleias tumultuosas, as injúrias e as sedições, e que são sempre mantidas em vigor pela força coercitiva"[28], afirmou o filósofo.

---

28. Tratado Sobre a Tolerância. Voltaire. L&PM Pocket. 2008

DEPARTEMENT DE LA JUSTICE

BULLETIN

DES

LOIS ET ACTES

ANNEE 1935

ÉDITION OFFICIELLE

IMPRIMERIE DE L'ETAT
PORT-AU-PRINCE
HAITI

DECRET-LOI

STENIO VINCENT
PRESIDENT DE LA REPUBLIQUE

Vu les articles 21 et 30 de la Constitution;

Considérant que l'Etat a pour devoir de prévenir l'accomplissement de tous actes, pratiques ou autres susceptibles d'entretenir les croyances superstitieuses nuisibles à la renommée du pays;

Considérant en outre que les articles 405, 406, 2ème alinéa et 407 du Code pénal ont été abrogés en raison d'une application exagérée de ces textes, au préjudice du droit qu'ont les citoyens, particulièrement les ruraux de s'amuser et d'organiser des danses, selon les coutumes locales;

Considérant qu'il convient de trouver les moyens d'enrayer les pratiques superstitieuses tout en ne mettant pas obstacle au droit légitime des paysans de s'amuser d'une manière honnête et décente;

Sur le rapport du Secrétaire d'Etat de la Justice;

Et de l'avis du Conseil des Secrétaires d'Etat.

Et après approbation du Comité Permanent de l'Assemblée Nationale,

DECRETE:

Art. 1er.—Sont considérées comme pratiques superstitieuses: 1) les cérémonies, rites, danses et réunions au cours desquels se pratiquent, en offrande à de prétendues divinités, des sacrifices de bétail ou de volaille; 2) le fait d'exploiter le public en faisant accroire que, par des moyens occultes, il est possible d'arriver soit à changer la situation de fortune d'un individu, soit à le guérir d'un mal quelconque, par des procédés ignorés par la science médicale; 3) le fait d'avoir en sa demeure des objets cabalistiques servant à exploiter la crédulité ou la naïveté du public.

Art. 2.—Tout individu convaincu des dites pratiques superstitieuses, sera condamné à un emprisonnement de six mois et à une amende de quatre cents gourdes, le tout à prononcer par le Tribunal de simple police.

Art. 3.—Dans les cas ci-dessus prévus, le jugement rendu sera exécutoire, nonobstant appel ou pourvoi en cassation.

Art. 4.—Les objets ayant servi à la perpétration de l'infraction prévue dans l'article 3 seront confisqués.

352   BULLETIN DES LOIS ET ACTES

Art. 5.—Le présent Décret abroge toutes lois ou dispositions de lois qui lui sont contraires, et sera exécuté à la dilligence du Secrétaire d'Etat de la Justice.

Donné au Palais National, à Port-au-Prince, le 5 Septembre 1935, An 132ème de l'Indépendance.

STENIO VINCENT

Par le Président :
    Le Secrétaire d'Etat de la Justice : JH. TITUS

Par autorisation du Comité Permanent de l'Assemblée Nationale :

Le Président du Comité Permanent de l'Assemblée Nationale :

L. S. ZEPHIRIN

ARRETE

STENIO VINCENT
PRESIDENT DE LA REPUBLIQUE

Ao longo dos anos, o Vodu foi tão presente na história do Haiti que o próprio nascimento do país como nação independente, convertendo-se no primeiro Estado independente da América Latina e a primeira república de negros do mundo, esteve diretamente relacionado ao sucesso de uma cerimônia da seita. O culto, batizado de Bwa Kayiman, teria tido seu início em meados de 1791, representando o começo da Revolução Haitiana que resultou no processo de independência, anos depois. Naquela cerimônia, todos os participantes teriam se comprometido a lutar pela liberdade do país, o que aconteceu em 1804, quando o povo foi anistiado da colonização francesa.

Nascia, assim, o Haiti, uma república entrelaçada ao cordão umbilical do Vodu, em que a história se encarrega de mostrar que o que houve, naquela noite de 1804, foi somente uma troca de domínio e não uma independência completa como era almejada. Passados mais de 200 anos, o povo haitiano, antes sob a soberania francesa, agora se mantém

sob as rédeas do Vaticano ou das diferentes formas de aju-
das internacionais, em um panorama que permite que seja
vítima de múltiplas formas de escravidão, tanto as do corpo
quanto as da alma.

Nesse aspecto, no que diz respeito especialmente à
Igreja Católica, não faltaram mentes pervenças que se apro-
veitassem das fraquezas sociais do povo para traçar suas
vítimas, diante de um cenário de debilidades emocionais e
econômicas. Uma delas foi Douglas Perlitz.

Entre os anos de 1995 e 1996, enquanto o Haiti enter-
rava seus mortos ao estilo bíblico e realizava mais uma po-
lêmica eleição, Perlitz usufruía da imensa instabilidade local
para estar inúmeras vezes no Haiti, mapeando um cenário
de atuação que ultrapassaria os amplos muros de proteção
das escolas católicas.

Formado pela Fairfield University, uma instituição
mantida pela Ordem Jesuítica dos Estados Unidos, Perlitz
transformou os ideais jesuítas de caridade cristã na per-
sonificação do mal, em que ele próprio era o vilão da história. Para manter seu disfarce de bom homem, o teólogo
contou com apoio de uma casta de sacerdotes que mantiveram, por mais de 10 anos, um arcabouço para as inúmeras violações infantis que Perlitz cometia em segredo,
sob o manto de auxílio educacional e social no país mais
pobre das Américas. Dessa forma, o teólogo apoiado pelos
jesuítas da Fairfield University fez das crianças haitianas
suas escravas sexuais para a ampliação de um espaço que
já nascera maculado pela fé.

Perlitz vinha de longe e carregava em seu íntimo a
alma de um explorador no mais impiedoso sentido da palavra. Descobriu que no Haiti, em meio às montanhas de cer-

cam a cidade de Cabo Haitiano, poderia desbravar a busca por vítimas sem ser interrompido, ao menos por um longo período.

As lições que ele julgava necessárias para seus planos foram aprendidas desde muito cedo. Nascido no dia 23 de junho de 1970, na pequena Barrigton, em Illinois, uma comunidade de pouco mais de 10 mil habitantes a noroeste de Chicago, Perlitz era filho de uma família católica tradicional e, desde prematuramente, aletradou que os princípios religiosos precisavam nortear sua vida.

Sua formação católica iniciou na Carmel Catholic School, um colégio dirigido por padres e irmãos da Ordem dos Carmelitas, mas foi na Fairfield University, onde ingressou em 1988, que ele teve seu lado mais perverso cultivado. Sua engrenagem doentia foi azeitada pelas mãos de Paul Carrier, padre jesuíta que era capelão da Fairfield University, além de presidente do ministério do *campus* da instituição. Se até aquele momento a mente predadora de Douglas Perlitz ainda não havia se desenvolvido por completo, o conjunto de influências sociais e educativas que ele passou a receber do seu mestre Paul Carrier, cujos limites da sala de aula invadiram as camas do ministério, foram suficientes para que ele se sentisse seguro em suas iniquidades.

Perliz era e sempre foi um sedutor de sorriso fácil e altamente comunicável, segundo narram seus ex-colegas de classe, mas até aqui não se sabe ao certo quem fora responsável pelo jogo da sedução que resultou no caso amoroso entre o padre Paul Carrier e o estudante católico Douglas Perlitz. O fato é que ambos eram intolerantes a situações rotineiras e o *campus* da Universidade, bancada com recursos católicos, não era mais suficiente para mantê-los em estado permanente de excitação. Coube a Perlitz sair em busca de novos espaços, e foi nesse cenário que as crianças haitianas se mostraram vítimas em potencial, uma vez que tinham tudo o que um pedófilo necessita para manter sua máquina de crimes em movimento: eram pobres, carentes, sem estudo e completamente indefesas.

Para Douglas Perlitz e Paul Carrier, a conquista do prazer sexual era a única questão intrinsecamente valiosa, e que merecia o empenho de ambos. O vício dos predadores sexuais por prazer estava ali diretamente ligado à dor que iria causar às vítimas, mesmo que eles não pensassem diretamente nas consequências de seus atos enquanto cometiam os crimes, como o próprio Perlitz manifestou diante do tribunal norte-americano que o condenou à prisão por pedofilia, em dezembro de 2010[29].

O humanitário católico abusador sexual recebeu uma pena de 20 anos de prisão em regime fechado, em uma penitenciária federal dos Estados Unidos. Diante de seus julgadores e de seis dos tantos jovens abusados por ele que estiveram no tribunal, o religioso tentou justificar o que jamais terá explicação.

"Na época em que tive contato com vocês (crianças que foram abusadas sexualmente e estava no tribunal), não estava pensando em vocês ou em seus sentimentos sobre como minhas ações o afetariam. Não. Eu era muito mesquinho", afirmou Perlitz, com uma tranquilidade fria e calculista de quem jamais imaginou que seria punido.

---

29. https://www.newstimes.com/local/article/Perlitz-sentenced-to-nearly-20-years-for--sex-914184.php#item-85307-tbla-5

A impulsividade sexual ostentada pelo teólogo jogou-o na estrada do prazer, no entanto, foi ao se tornar amante do padre, que Perlitz conseguiu ganhar força para dar início a um projeto social de proporções até então não estruturadas no interior do Haiti. A cidade de Cabo Haitiano, segunda maior do país em número de moradores, concentra historicamente uma pobreza que ultrapassa gerações. Para além da falta de emprego, a ausência de escolas capazes de abrigar a todas as crianças atira os pequenos em um mar de lama social que escorre ao esgoto da exploração sexual. Sem embaraço algum, Perlitz e Carrier deram vazão a essa correnteza.

Na foto, o Padre Paul Carrier (à esquerda) e Douglas Perliz. Mestre e discípulo, amantes, que atuaram em conjunto em um dos mais escandalosos casos de pedofilia que atinge a Igreja Católica no Haiti. Foto: Reprodução.

A busca de ambos para colocar a iniciativa que iria atender a meninos moradores de rua de Cabo Haitiano em funcionamento teve início quando Perlitz estava na universidade. Logo no primeiro ano de formação, o ainda estudante viajou para o Haiti, onde, depois de retornar, fundou a Coalização de Estudantes para Refugiados Haitianos, um grupo que tinha por objetivo captar doações e auxiliar os refugiados na sua adaptação. Após se formar, e receber méritos da faculdade, Douglas Perlitz foi estudar na Boston College, instituição que ficaria internacionalmente afamada por abrigar membros da Igreja Católica envolvidos com casos de pedofilia, como desvendaram os colegas do *The Boston Globe* no caso que ficou mais conhecido pelo título da obra, posteriormente publicada, e do filme, que conquistou inúmeros prêmios e foi inclusive indicado ao Oscar em 2016: Spotlight[30].

Não há registros de que Perlitz tenha deixado ali suas pegadas na estrada da pedofilia, mas o fato de ter escolhido a Boston College para cursar seu mestrado em Teologia é um sinal de que ele já estava buscando uma forma de proteção para suas atividades ilícitas.

Entre 1994 e 1996, período em que esteve na instituição, a arquidiocese de Boston era comandada pelo Cardeal Bernard Francis Law, acusado de acobertar padres que foram responsáveis pelo maior escândalo de pedofilia dos Estados Unidos, e ainda hoje de toda a Igreja Católica. Indiretamente, o próprio Perlitz tivera seus atos iniciais acobertados pelas mãos do cardeal. O período em que estivera na instituição serviu para mostrar que tudo o que estava estruturando não fazia dele apenas uma maçã pobre no meio

---

30. Spotlight – Segredos Revelados. Vários autores. Vestígio. 2016.

do pomar católico. Perlitz era apenas mais um em meio a tantas frutas estragadas, que eram e ainda são acobertadas pela cúpula da Igreja Católica, em um maquinário que gira suas peças em diferentes lugares do mundo, sempre azeitada pelo sofrimento alheio.

A passagem de Perlitz pela Boston College durou apenas dois anos. Terminado o mestrado, o teólogo e seu amante, o Padre Paul Carrier, passaram a captar recursos para o Projeto Pierre Toussaint, que nascia com o objetivo de ser um centro educacional e de formação para crianças em situação de rua da cidade de Cabo Haitiano. A cidade concentra mais de 10 mil menores nessa insalubre condição, um número que, entre mortes e nascimentos, tem se mantido estável ao longo dos anos.

A busca por verbas alcançou sucesso devido à digital do padre jesuíta, que usou de todos os seus anos de trabalho para apoiar seu amásio no projeto, em um impulso extremamente motivado pelo caráter sexual da relação que mantiveram desde o final dos anos 1980. De 1996 a 2007, o padre levantou milhões de dólares para colocar o projeto em funcionamento, exatamente de acordo com os planos de Perlitz. Os depósitos que garantiram os prazeres de Perlitz em terras haitianas iniciaram nada menos que pela milenar Ordem Malta.

Sob o lema "Defesa da Fé e assistência aos pobres", a Ordem Malta, instituição de caridade ligada à Igreja Católica, forneceu o dinheiro que deu início ao projeto Pierre Toussaint.

A despeito de se colocar como uma organização extremamente rígida com a conduta de seus membros e primar pelas questões filosóficas e filantrópicas como meio de evolução espiritual, a Ordem Malta deixou-se levar pela falta dos princípios filosóficos mais difundidos por Platão, que defendia que a boa filosofia precisa ser alicerçada sob um processo contínuo de questionamento. Por longos anos, a Ordem deixou de interrogar o real resultado dos investimentos para o programa que financiava, tornando-se cúmplice de um crime que jogou à lama todo e qualquer princípio ético.

Assim como a Ordem Malta, os recursos de que Perlitz necessitava para manter o projeto em funcionamento foram também articulados pelo Haiti Fund, uma organização da qual o próprio Padre Paul Carrier fora um dos integrantes e que estava diretamente ligada à Fairfield University, regida sob as leis do Estado de Connecticut. Em 10 anos, o programa ligado à Universidade, que pertence à Companhia de Jesus (a mesma congregação do Papa Francisco), foi responsável por injetar mais de US$ 700 mil no projeto do teólogo pedófilo em terras haitianas. Ex-estudantes, empresários e católicos fervorosos da região de Connecticut estiveram entre os doadores de recursos ao projeto.

Pendurado ao cofre dessas três instituições católicas, o programa assistencial foi gerado, sendo batizado com o nome de um dos maiores revolucionários haitianos. Quisera Pierre Toussaint que seu nome fosse utilizado apenas em causas nobres, como a que o tornou um filantropo, depois de ter conquistado sua liberdade em Nova Iorque, no começo dos anos de 1800. Todavia, mais de 200 anos depois de ele ter atuado em defesa dos pobres, com a construção de orfanatos e outras benfeitorias, Pierre Toussaint teve sua denominação atribuída a um dos mais cruéis casos de pedofilia envolvendo representantes da Igreja Católica. Ao menos em Cabo Haitiano, Pierre Toussaint foi associado a dor e à revolta de quem, em busca única e exclusivamente por melhores condições de vida, viu-se em meio a um furacão que varreu da alma a dignidade.

Aos que estiveram no projeto, a lição mais bem aprendida em todos seus anos de funcionamento foi de que a boa consequência jamais deve ser usada como desculpas para a má consequência. Se essa regra fosse levada em consideração, o projeto tão bem financiado ao longo dos anos sequer deveria ter nascido.

Na foto, a Vila, estrutura em Cabo Haitiano para abrigar os menores escolhidos para integrar o projeto. Um verdadeiro oásis em meio à pobreza da cidade, que acabou abandonado com o fechamento do programa. Foto: Divulgação/Cyrus Sibert.

Barreiras rompidas

Na manhã da terça-feira, 23 de abril de 2002[31], o então Papa João Paulo II, tido como um dos líderes da Igreja Católica que foi menos conivente com os abusos cometidos contra menores pelos integrantes do clérigo, manifestou-se a respeito dos escândalos que mergulhavam a Igreja nos Estados Unidos em um lamaçal de pedofilia. A mesma a qual pertencia o padre capelão Paul Carrier, cujas benesses para que seu amante Douglas Perlitz conquistasse a credibilidade e pudesse com isso cometer crimes no Haiti, edificavam-se na mesma intensidade com o qual captava recursos para a manutenção do Projeto Pierre Toussaint.

"Como vós, também eu fiquei profundamente magoado com o fato de que alguns sacerdotes e pessoas religiosas, cuja vocação consiste em ajudar os indivíduos a levar uma vida santa aos olhos de Deus, tenham causado tanto sofrimento e escândalo aos jovens. Em virtude do grande prejuízo causado por determinados sacerdotes e pessoas religiosas, a própria Igreja é olhada com desconfiança, e muitas pessoas ficaram ofendidas com o comportamento assumido pelos líderes da Igreja a respeito desse tema.

O abuso que provocou essa crise é injusto, sob todos os pontos de vista, e por isso a sociedade justamente o considera como um crime; e, aos olhos de Deus, trata-se de um pecado grave. Às vítimas e às suas famílias, onde quer que agora se encontrem, quero expressar o meu profundo sentimento de solidariedade e de solicitude", afirmou o Santo Pa-

---

31. http://w2.vatican.va/content/john-paul-ii/en/speeches/2002/april/documents/hf_jp-ii_spe_20020423_usa-cardinals.html

dre, diante de um encontro com cardeais norte-americanos na manhã mencionada.

Naquele mesmo instante, enquanto o Papa manifestava sua preocupação com os casos de pedofilia, Perlitz e Carrier mantinham a prática criminosa tão bem encapsulada por anos no seio da Igreja Católica. A falta de uma justiça estruturada no Haiti colocava o teólogo à mercê de qualquer tipo de punição, o que tranquilizava também o padre Paul Carrier. Mesmo diante da manifestação Papal, Carrier não fazia questão de se afligir com qualquer punição que pudesse vir a ser submetido por parte de seus superiores eclesiásticos. O padre sempre soubera que, mais que condenar o sexo a ser mantido na obscuridade, como acontecia entre ele e seu amante, era preciso que ambos devotassem o sexo, valorizando-o como uma espécie de segredo de Estado, mesmo que o Estado em questão estivesse a cada dia acrescido em seu número de vítimas. E isso eles souberam fazer muito bem ao longo dos anos.

Dessa forma, sob o carimbo de instituição de educação religiosa voltada para um trabalho social, o Pierre Toussaint conseguiu se manter em atuação até meados de 2008, quando uma série de denúncias feitas por alguns integrantes da comunidade local rompeu a inércia social diante de tantos crimes exercidos pelos representantes católicos. Foi o estopim para o fechamento das portas do projeto de forma imediata, mas ainda não o suficiente para que aquelas vítimas que esperavam por justiça, pudessem acreditar em punição uma vez que, apesar de as violências terem sido de conhecimento da Justiça haitiana, como mostram os documentos a que tive acesso e aqui reproduzo, nenhum tipo de atitude contra os religiosos foi tomada em solo haitiano. A

Justiça do país caribenho chegou a expedir uma ordem de prisão contra Perlitz, que, para desespero das vítimas, jamais foi cumprida.

3/

REPUBLIQUE D'HAITI

POLICE NATIONALE D'HAÏTI
DIRECTION CENTRALE DE LA POLICE JUDICIAIRE
Brigade de Protection des Mineurs

016.../DGPNH /DCPJ-D-08

Port-au-Prince, le 04 juin 2008

Au : Directeur Central de la Police Judiciaire

Du : Responsable de la Brigade de Protection des mineurs

Objet : Demande de transmission de dossier

Le Responsable de la Brigade de Protection des Mineurs a l'honneur de soumettre au Directeur Central de la Police Judiciaire, aux fins de transmission au parquet du Cap-Haïtien, la procédure préparée par la Brigade, relative au cas du citoyen américain **Douglas Christian Perlitz**, reproché d'agression sexuelle au préjudice de plusieurs enfants du Centre Pierre Toussaint dont il est directeur.

René Costume
Commissaire de police
Responsable de la BPM

REPUBLIQUE D'HAITI

POLICE NATIONALE D'HAÏTI
DIRECTION CENTRALE DE LA POLICE JUDICIAIRE

0167./DGPNH /DCPJ-D-08

Port-au-Prince, le 04 juin 2008

Du

Directeur Central de la Police Judiciaire

Au

Commissaire du Gouvernement près le Tribunal de Première Instance du Cap-Haïtien

Objet Transmission de dossier

Le Directeur Central de la Police Judiciaire a l'honneur de soumette au Commissaire du Gouvernement près le tribunal de Première Instance du Cap-Haïtien, pour les suites de droit, la procédure préparée par la Brigade de Protection des Mineurs en date du 04 juin 2008, relative au cas du citoyen américain Douglas Christian Perlitz, reproché d'agression sexuelle sur mineurs.

Frantz THERMILUS
Commissaire Divisionnaire
Directeur Central de la Police Judiciaire

16-06-08

Somente cinco anos depois de deixar o Haiti, e de ter tido uma ordem de prisão nunca cumprida, as diferentes formas de violações a que Louis Gervil e outras dezenas de garotos foram submetidos ganharam um real impacto, quando foram conhecidas pela Justiça. Elas constam em detalhes no processo que o Tribunal dos Estados Unidos, por meio do Distrito de Connecticut, recebeu em agosto de 2013, em uma ação movida pelo advogado Mitchell Garabedian, uma verdadeira celebridade mundial quando o assunto são denúncias de abusos que envolvem o cerne do catolicismo. Garabedian é, nada menos, que o advogado responsável pelas ações que fortaleceram a investigação do caso Spotlight, no início dos anos 2002, que descortinou as violações consumadas por padres na região de Boston, e na exposição da guarita que os criminosos recebiam do cardeal Bernard Francis Law. Ao longo de mais de 20 anos, Law jogou para baixo do tapete da sacristia os crimes cometidos pelos padres da região em que ele era responsável, nos mesmos moldes do que ocorria no Haiti.

O caso Spotlight, retratado em reportagens cuidadosamente escritas pelos colegas do *The Boston Globe* e publicadas no começo de 2002, foram vencedoras de um Prêmio Pulitzer de Jornalismo e acabaram sendo transformadas em filme. Sob a direção de Tom MacCarthy, Spotlight, Segredos Revelados, rompeu as páginas em preto e branco do jornal norte-americano e levou o prêmio de Melhor Filme no Oscar de 2016, além de outras cinco premiações, como a de melhor roteiro original. Garabedian foi interpretado no longa metragem pelo ator Stanley Tucci. Naquele ano de 2016, enquanto Tucci subia ao palco para receber ao lado da equipe o troféu de melhor filme do ano, minha peregrinação em busca do verdadeiro Garabedian já havia iniciado.

Acima, o Garabedian do cinema, o ator Stanley Tucci (à esquerda), e o verdadeiro advogado Mitchell Garabedian. Foto: Reprodução/Facebook.

O caminho para conseguir acesso aos documentos originais das diferentes ações que envolvem abusos sexuais de representantes da Igreja Católica no Haiti, depoimentos das vítimas e, claro, proximidade ao próprio Garabedian foi tão extenso quanto a minha insistência em jamais desistir de aprofundar as investigações sobre o tema. Tudo começou em 2010, quando, diante da condenação de Douglas Pertliz, cruzei os dados que o levavam às, até então, supostas violações no Haiti. Ao longo de mais de três anos, e com um número incansável de e-mails enviados por meio do correio eletrônico disponibilizado na página do escritório de Garabedian, que fica situado em Boston, tentei sem sucesso obter a chance de uma entrevista. Sem resposta, parei as buscas por um certo período.

No íntimo dos meus pensamentos, questionava-me sobre o que faria um advogado tão famoso mundialmente, que foi representado no cinema devido a todo o seu trabalho, aceitar responder a um e-mail de uma jornalista que ele nunca havia visto na vida.

Todavia, desistir não é uma palavra que tenha sido introduzida pelos meus pais no vocabulário de aprendizados da vida e eis que, em uma madrugada, cheguei ao nome do colega Cyrus Sibert.

Jornalista, na época com 47 anos, nascido na cidade de Cabo Haitiano, Cyrus é responsável por colocar no ar uma página web[32] que se transformou na única voz de resistência na cidade que concentra alguns dos casos mais graves de abusos sexuais cometidos por representantes da Igreja Católica. Fora ele quem deu início a todas as denúncias que resultaram no fechamento do projeto Pierre Toussaint.

Cyrus, de quem eu já havia lido algumas informações em seu blog sobre abusos cometidos pelos integrantes da Igreja, atendeu-me. E desde aquela madrugada ele se transformou em meu amigo, auxiliar e uma fonte sem igual, que comprou de imediato minha batalha em busca das fissuras que engolem a ingenuidade das crianças que são abusadas no Haiti.

Cyrus é a alma haitiana travestida em palavras. Ele é leve, mesmo diante de tantas dificuldades e ameaças, e sabe narrar como ninguém as mazelas que seu povo sofre. Foi por meio dele que, enfim, consegui chegar ao até então inalcançável Mitchell Garabedian. O contato com o advogado não foi simples nem para Cyrus, que só conseguiu a aproximação quando teve de encontrar caminhos a ele e a sua família para além das fronteiras do Haiti, depois de sofrer ameaças de morte pelas denúncias que fazia. Fora depois de tantas restrições, e pela certeza que estava no caminho

---

32. http://reseaucitadelle.blogspot.com

certo, que Cyrus conseguiu se aproximar do advogado. E foi por meio dele que Garabedian me respondeu. Não por e-mail, mas em um telefonema que ele mesmo fez, às 14h de 15 de julho de 2019, dia e hora que ele próprio havia combinado com Cyrus. Fora aquela apenas a primeira de uma série de chamadas ao longo de quatro entrevistas, em mais de 10 horas de conversas, todas gravadas e com a ajuda de um tradutor em português, que o próprio Garabedian fez questão de contratar.

Ao longo das nossas conversas, Garabedian mostrou-me que é de uma cautela admiravelmente respeitosa com seus clientes, e jamais deixa que a emoção se sobressaia diante da razão. Assim sendo, a preservação e o respeito para com seus clientes norteia todo o trabalho de Garabedian, e dessa forma ele age com a escolha de quem ele aceita falar sobre seus casos. Depois de tantos anos de tentativas, passei a ser uma das escolhidas de Garabedian, tal como foi Michael Rezendes, do *The Boston Globe*. No meu caso, a chave para conseguir a confiança do advogado foi guardada pelas ações de Cyrus Sibert, que me presenteou com uma credibilidade somente cultivada entre os jornalistas que semeiam suas boas fontes, regadas com muito respeito e sinceridade. Cyrus e eu estamos na mesma missão de desnudar as mazelas que os representantes da Igreja Católica cometem contra crianças haitianas, e, em busca de um futuro melhor para esses menores.

A foto mostra uma das conversas pelo Skype entre a autora e o jornalista Cyrus Sibert.

O preço da dignidade

Quando em 2007 o então presidente do Haiti, René Préval, assinou junto à Organização Internacional do Trabalho (OIT) a ratificação da Convenção 182[33], milhares de crianças e adolescentes do país caribenho sequer sabiam

---

33. https://www.ilo.org/brasilia/convencoes/WCMS_236696/lang--pt/index.htm

que aquela poderia ser a chance que sonhavam de um futuro melhor. O acordo, em que o Estado se comprometia, ao menos no papel, a trabalhar pela eliminação das piores formas de trabalho infantil – dentre elas a escravidão e a exploração sexual –, alçava o Haiti a um patamar de credibilidade e comprometimento, no qual um certo nível de atitude se sobressaia perante à frágil imagem de inércia política construída desde a independência do país.

Porém, em uma sociedade como a haitiana, a imensa distância que existe entre o que se almeja e o que se consegue expõe fraturas que nenhum tipo de documento oficial é capaz de restaurar. A ausência de proteção às crianças haitianas, miseráveis em sua esmagadora maioria, descendentes de escravos e sem estudo, é uma ferida de abertura tão espessa quanto ainda distante de ser debelada.

Em um local onde a precariedade impera, encontrar menores em situação que venha de encontro ao que determina a Convenção 182 é tão comum quanto a falta de saneamento básico, que dramaticamente atinge quase 75% da população, segundo dados da ONU. No Haiti, o simples fato de tomar banho, ainda que frio , com direito a água corrente e sabonete, é um luxo facultado a poucos. Por esse motivo, a cena de crianças e adultos fazendo uso da água que corre pelo esgoto nas beiradas das ruas para se lavarem ainda causa estranheza, e até mesmo repulsa para quem percorre a capital Porto Príncipe pela primeira vez.

Foi o que aconteceu com alguns colegas que chegaram comigo ao local poucas horas depois do terremoto de janeiro de 2010, o mais devastador que já atingiu o país. Lembro que alguns se chocaram ao ver a cena que, a mim, já não era novidade, embora se mantivesse tão dolorida quanto da primeira vez que havia visto, em meados de 2008.

Para além de deixar mais de 300 mil mortos, o cismo agravou a já debilitada situação dos que sobreviveram, como podemos presenciar ao encontrar adultos e crianças se banhando nas águas contaminadas do esgoto. O terremoto, ao contrário do que muitos pensavam, não apenas fragilizou o país. Ele, sobretudo, majorou uma situação que, por si só, já era historicamente trágica.

Embora a falta de saneamento básico seja mais acessível aos olhos dos estrangeiros na capital, é nas regiões mais afastadas de Porto Príncipe que se concentra a maior parte da população sem acesso a esgoto ou água potável. As próprias freiras do Imaculado Coração de Maria sofrem com essas dificuldades. Na sede do Projeto Regional de Educação e Desenvolvimento (PRED), ligado à Cáritas Diocesana, da Igreja Católica, na comunidade de Leyon, elas não usufruem de água potável, tampouco encanada. Meu presente ao chegar lá foi um balde com 15 litros do precioso líquido, que seria usado para todas as minhas necessidades básicas, incluindo banho e até mesmo água para beber. Para que ela ficasse potável, apelei para o uso de uma "pastilha mágica" que remove as impurezas do líquido, e a qual levei na bagagem por orientação das próprias religiosas e de militares com quem havia mantido contato antes de embarcar. No entanto, para a população comum, a pastilha sequer é conhecida, ou quando é encontrada, costuma ter valor elevado aos padrões econômicos locais.

Em todo o Haiti, a ONU estima que ao menos 38% da população não tenha acesso à agua potável, o que transformou o líquido em uma fonte inesgotável de diferentes formas de exploração. Por lá, um galão com cinco litros pronto para consumo custa, no mínimo, 25 centavos de dólar. Em um país onde 70% da população sobrevive com cerca de US$ 2 ao dia, a água de qualidade é uma ostentação praticamente inacessível. E é nesse cenário que as diferentes moedas de troca se multiplicam, desde as financeiras até as sexuais. Louis Gervil foi uma dessas moedas.

Enquanto o presidente René Préval ratificava a Convenção 182 diante de representantes do mundo todo, Louis Gervil era abusado sexualmente, recebendo, em troca da violência que sofria, o direito a tomar banho, beber água potável, ter estudo e uma cama para dormir. A escravidão do corpo, e também da alma, era o preço que Louis pagava a Douglas Perlitz por um mínimo de dignidade. Com a Bíblia e o crucifixo na mão, o teólogo usava de sua superioridade e dita proximidade com Deus para destruir os sonhos de toda uma juventude que acreditava que ele pudesse ser um ídolo, embora no íntimo de sua alma de predador, Perlitz não passasse de um carrasco capaz de qualquer atitude em busca de prazer.

Loius Gervil era morador da cidade de Cabo Haitiano, a segunda maior do país. Junto a outras tantas crianças do local, antes de conhecer Perlitz, ele passava os dias perambulando pelas ruas em busca de água e do que comer, desde que se dera conta de que a vida existia. Alimentava-se do que encontrava e jamais se lembrara, em sua lacônica existência, ter tido cama para descansar seu debilitado corpo. O relento era seu aconchego, o céu sua esperança e a Igreja Católica, a proteção que ele tanto sonhara. Sobre família, Gervil nunca falou, mas, mesmo que tivesse uma, estaria em situação tão ou mais melindrosa do que a que ele encontrava nas ruas.

Dados de um relatório de 2013 do Fundo das Nações Unidas para Infância (Unicef)[34] apontam que cerca de 25% das crianças haitianas com idades entre 5 e 17 anos vivem separadas dos pais. Outras 21% moram com parentes, sem contato com os progenitores, e ainda há as outras 4% que vivem com estranhos, como o Unicef denomina aqueles que possuem uma criança escrava sob sua alçada, os chamados restavéks, como já mencionei neste livro.

O acesso à escola, que já costuma ser difícil para quem mora com os progenitores, é praticamente inviabilizado aos que estão longe de suas bases genéticas, e foi exatamente nesse cenário que Perliz encontrou um amplo terreno para atuar. Lançando mão de qualquer tipo de desconfiança que pudesse ser gerada, o teólogo usou da confiabilidade que a população possui nos representantes da Igreja Católica para criar falsas expectativas, uma vez que as crianças que vivem nesse tipo de situação, assim como suas famílias, mostram-se extremamente vulneráveis a todos os tipos de exploração, sobretudo a de cunho sexual.

Durante muitos anos, as migalhas descartadas pelos que tivessem melhores condições foram os suprimentos que mantiveram a sobrevida de Loius Gervil, perdurando o jovem em um submundo às margens do acordo que em 2007 estava sendo ratificado pelo governo haitiano junto à OIT. Em sua pele negra, machucada pelas chagas abertas pela desnutrição e outras doenças, as dores de quem sobrevive sem acreditar nas expectativas se intensificavam a cada dia em que era preciso encontrar um lugar para dormir ao relento, disputando com os animais o espaço e até mesmo restos de comida.

---

34. https://www.unicef.org/about/annualreport/files/Haiti_COAR_2013.pdf

A fome levava aos devaneios, e Louis acreditava que Deus poderia chegar diante dele e das demais crianças, trazendo um farto banquete, cama confortável e comida quente. Tanto cultivou isso em seu subconsciente que o dia chegou. Aos 15 anos, ele foi capturado das ruas por Douglas Perlitz para ingressar no projeto, mas não demorou muito para que passasse a ser violentado pelo teólogo. O ano era 2007 e ele, assim como as cerca de 120 crianças – todos meninos – que naquele ano ingressaram no Projeto Pierre Toussaint, era conhecido como um "timoun lari", denominação a qual os haitianos se referem, em Kreyol, aos menores que vivem nas ruas, padecentes de um sistema político e social que não consegue suprir as necessidades constitucionais obrigatórias para a sua população.

Da mesma maneira que seus colegas, Louis Gervil demonstrava uma alegria única por ter conquistado uma vaga no Pierre Toussaint. Magro, debilitado e doente, ele estava extremamente eufórico porque dentro da escola teria estudo, comida e ainda receberia remédios para suas chagas, dentre elas a malária, doença endêmica no país.

Tudo isso, de fato, aconteceu, mas a santa felicidade a que o jovem almejou ao entrar no Pierre Toussaint era nada menos que uma falsa lenda, cheia de horrores. Nas mãos dos representantes de Deus, a quem Louis creditava toda a sua esperança, estava a perseguição e a destruição do cerne da sua alma infantil.

A mesma Igreja que abriu as portas do Projeto Pierre Toussaint, retirando centenas de crianças das ruas, colocou em xeque a credibilidade da religião na vida daqueles menores. Soubessem eles dos pensamentos de Voltaire, talvez jamais tivessem cruzado os altos portões que separavam as ruas da vila onde Douglas Perlitz acolhia as crianças. As leis naturais, ao menos no Haiti, pareciam ser mais seguras às crianças que as dos homens.

Para além de casa, comida e estudo, Gervil encontrou no projeto de educação católica um falso milagre de melhoria nas condições de vida. As promessas de Douglas o seduziram, mas em troca de sua permanência na escola, o jovem foi obrigado a entregar seu corpo. E sua dignidade.

Entre 2007 e 2008, enquanto quedou-se na instituição, foram inúmeras as vezes em que o jovem sofreu violência sexual, como consta no processo ingressado em agosto de 2013, na Justiça dos Estados Unidos, Distrito de Connecticut. O processo conduzido pelo advogado Mitchell Garabedian, a que tive acesso pelas mãos do próprio defensor e que reproduzo a seguir, é encabeçado pelo depoimento de Gervil, mas se refere a dezenas de garotos que também foram violentados.

UNITED STATES DISTRICT COURT DISTRICT OF CONNECTICUT	
GERVIL ST. LOUIS, a/k/a ST. LOUIS GERVIL	Civil Action No.:
Plaintiff,	
v.	
DOUGLAS PERLITZ; FATHER PAUL E. CARRIER, S.J.; HOPE E. CARTER; HAITI FUND, INC.; FAIRFIELD UNIVERSITY; THE SOCIETY OF JESUS OF NEW ENGLAND; SOVEREIGN MILITARY HOSPITALLER ORDER OF ST. JOHN OF JERUSALEM OF RHODES AND OF MALTA, AMERICAN ASSOCIATION, U.S.A., a/k/a ORDER OF MALTA, AMERICAN ASSOCIATION, USA JOHN DOE ONE; JOHN DOE TWO; JOHN DOE THREE; JOHN DOE FOUR; JOHN DOE FIVE; JOHN DOE SIX; and JOHN DOE SEVEN,	
Defendants.	August 8, 2013

INTRODUCTION

1. This case arises from the sexual molestation of dozens of Haitian boys, including Gervil St. Louis, a/k/a St. Louis Gervil, by Defendant Douglas Perlitz ("Perlitz"), while Perlitz was operating a residential school under the auspices and supervision of Defendants Fairfield University, the Society of Jesus of New England (the "New England Jesuit Order"), the Haiti Fund, Inc. (the "Haiti Fund"), the Sovereign Military Hospitaller Order of St. John of Jerusalem of Rhodes and of Malta, American Association, U.S.A. (a/k/a Order of Malta, American Association, USA) (the "Order of Malta"), Hope Carter ("Carter"), and Father Paul E. Carrier, S.J. ("Father Carrier"). In 2011, Perlitz was convicted of violating 18 U.S.C. § 2423(b), Travel With

1

Assim como Gervil, foram tantas as vezes que os jovens foram violentados que nenhum deles se recordava quantas foram ao certo e, embora tivessem o mínimo de consciência para separar o certo do errado, nenhum dos violentados teve coragem de negar seu corpo a Perlitz por medo de que as ameaças de expulsão do projeto se tornassem verdadeiras. Os que recusaram foram expulsos do programa ou maltratados até chegarem ao limite de abandonarem a escola.

Durante quase dois anos, dezenas de estudantes tiveram seus corpos abusados nas camas de Perlitz, tanto no quarto que o teólogo ocupava na sede do projeto, em Cabo Haitiano, quando na casa que ele tinha no bairro de Bel-Air, na capital Porto Príncipe. Era para lá que Perlitz levava os estudantes escolhidos por ele para passarem os finais de semana, muitos deles acompanhado de seu amante, o Padre Paul Carrier.

Ao longo dos anos, o sacerdote presenciou os abusos de seu amante sem intervir, violando a razão pela qual deveria primar ao estar naquele local, mas defendendo uma lamentável regra por muito tempo estabelecida no íntimo da Igreja Católica: a de que uma possível visibilidade negativa, mesmo que ela representasse crimes cometidos por seus representantes contra menores, deveria ser mantida em sigilo.

Entre as paredes da casa de Bel-Air e em Cabo Haitiano, ambas compradas com fundos financiados pela Igreja Católica por meio do trabalho de engajamento realizado pelo Padre Paul Carrier, Perliz mostrava vídeos pornográficos aos jovens com a intenção, como afirmara Louis Gervil, de que todos os "escolhidos" aprendessem as melhores formas de fazer com que o teólogo chegasse ao prazer desejado. Sem o mínimo pudor de que estivesse cometendo um crime, Perlitz se masturbava diante dos estudantes e obrigava os meninos a também se masturbarem, o que acontecia entre os dois e também diante de outros adolescentes, ou crianças, já que os abusos iniciavam, em média, aos oito anos de idade. Perlitz também praticava sexo oral e anal com os jovens, sem que nunca tivesse feito uso de preservativo, segundo recordou dolorosamente Loius Gervil.

Em um país onde cerca de 2% de sua população vive com o vírus HIV (o que representa mais de 160 mil pessoas), de acordo com a Organização Pan-Americana de Saúde (OPAS), a escolha do teólogo era pelos jovens haitianos virgens. Dessa forma, Perlitz acreditava que, como primeiro a usar do corpo dos meninos, ele estaria livre do risco de contrair alguma doença. E, dessa maneira, o teólogo abusou de centenas de crianças e adolescentes ao longo de mais de 10 anos de atuação junto a menores indefesos no Haiti, usando de seu total poder sobre as crianças, como foi

2. Perlitz, Father Carrier, Fairfield University, the Order of Malta, Carter, and the Haiti Fund established a residential school in the Republic of Haiti, the poorest country in the Western Hemisphere. This school, Project Pierre Toussaint, a/k/a Project Venerable Pierre Toussaint ("PPT"), purported to provide services to the poorest children of Haiti, many of whom lacked homes and regular meals. Perlitz, residing in Haiti, was the director of PPT, which provided him with an image of substantial trust and authority.

3. Perlitz used that trust and authority to sexually molest Plaintiff and numerous other minor boys who attended PPT. Perlitz also threatened to withhold food and shelter from the impoverished children in his care if they did not comply with his sexual demands, in effect forcing them to earn their food and shelter by trading sexual favors for those necessities.

Foi dessa forma que Loius Gervil e seus colegas descobriram que, ao contrário do que almejavam quando cruzaram os portões da instituição, o Pierre Toussaint não era o reino do céu, mas o próprio inferno. Em um local que pregava a religião como caminho para a salvação, nada poderia ser mais contrário a essa tese do que a violência a qual as crianças que lá estavam eram submetidas. Ao entrarem no território do Pierre Toussaint, os menores descobriram-se obrigados a aderir às regras que as leis naturais de proteção humana majoritariamente não permitem. A violência a que eram submetidos fortaleceu, ao longo dos anos, um meio de

---

35. Perlitz, padre Carrier, Universidade de Fairfield, Ordem de Malta, Carter, e o Fundo do Haiti estabeleceram uma escola residencial na República do Haiti, o mais pobre país do Hemisfério Ocidental. Essa escola, Projeto Pierre Toussaint ("PPT"), destinado a prestar serviços aos mais pobres filhos do Haiti, muitos dos quais careciam de casas e refeições regulares. Perlitz, residente no Haiti, foi o diretor do PPT, que lhe proporcionou uma imagem de confiança substancial e autoridade. 3. Perlitz usou essa confiança e autoridade para molestar sexualmente o Autor e vários outros meninos menores que participaram do PPT. Perlitz também ameaçou reter comida e abrigo das crianças pobres sob seus cuidados, se elas não cumprissem suas demandas sexuais, forçando-os a ganhar comida e abrigo, negociando favores sexuais para essas necessidades.

religiosos hipócritas, que obrigavam os jovens a trocar a permissão de violações aos seus corpos por estudo, mesa farta e acesso a banho. Condições que o Estado Haitiano deveria oferecer, sem que com isso as crianças e os jovens fossem obrigados a se prostituir em troca de uma falsa melhoria de condições de vida.

Douglas Perlitz (ao centro) no começo dos anos 2000, na sede do projeto Pierre Toussaint, em Cabo Haitiano, e alguns dos estudantes do projeto.
Crédito: Reprodução.

O mal que une forças

As mesas dispostas na entrada do restaurante de um hotel na região central de Cabo Haitiano foram organizadas de forma que pudessem servir como escritório para os advogados que lá estavam. Durante duas semanas, no começo de 2013, Mitchell Garabedian e sua equipe deixaram o frio de Boston, nos Estados Unidos, e partiram para o Haiti, para conhecer vítimas de abusos cometidos por representantes da Igreja Católica no país.

Ao chegar pela primeira vez na abafada ilha caribenha, Garabedian ainda não sabia ao certo o que iria encontrar. Acostumado com casos desse tipo, o advogado tinha consciência que sempre quando se coloca a fé e a razão juntas uma delas acaba prejudicada. Enquanto organizava as mesas, ele pensava em quais delas perderia peso na balança da impunidade que se solidificava no Haiti, sugando com raízes profundas o pouco de força e esperança que ainda habitava o mais íntimo sonho dos garotos que ele estava prestes a encontrar.

"Aquelas crianças não tinham casa, não tinham estudo, nem comida. Eles não tinham cuidados de saúde algum. Tinha alguns com erupções na pele, outros tinham malária. Eles eram muito, muito magros", relembrou o advogado, quando questionei a imagem que ele jamais iria esquecer do Haiti. "Para alguns, até comida eu fui buscar antes de eles começarem a falar. Eles ficavam no hotel e eu ia em busca de alimentos", relembra.

Durante os vários dias em que esteve no país, Garabedian fez questão de colher depoimentos e de acompanhar os demais procedimentos que foram adotados por sua equipe com aqueles que ele não teve a oportunidade de conversar pessoalmente. Ao todo, 133 rapazes, com idades entre 17 e 35 anos, aceitaram relatar ao advogado os abusos que sofreram nas mãos do teólogo Douglas Perlitz durante os anos em que estiveram no projeto Pierre Toussaint, que funcionou entre 1997 e 2008. Muitos dos jovens chegavam ao encontro de Garabedian famintos, alguns descalços ou com as roupas rasgadas, mas todos com algo em comum: queriam expor, de diferentes formas, os padecimentos a que eram obrigados enquanto estavam cercados pelos tentáculos de proteção da Igreja Católica no Haiti.

Estima-se que entre os anos de 1997 a 2008, quando o projeto Pierre Toussaint foi fechado, Perlitz tenha cometido abuso sexual contra centenas de crianças e adolescentes, todos do sexo masculino, e sempre com o apoio do seu amante, o Padre Paul Carrier, cujas vítimas relataram que teria presenciado parte dos atos. Entre os abusados estava Loius Gervil, que sustentou um dos processos que o advogado ingressou na Justiça dos Estados Unidos.

Ao todo, Garabedian adentrou com duas ações, que resultaram em indenizações milionárias da Igreja Católica para as vítimas. Uma, com o depoimento de 24 rapazes, trouxe US$12 milhões em indenizações. A segunda se converteu em uma indenização de US$ 60 milhões, valor que foi dividido entre 113 garotos vítimas das violações do teólogo e seu amante. Além do pagamento em dinheiro, a Igreja Católica também viu o teólogo Douglas Perlitz ser condenado a 20 anos de prisão, em regime fechado em uma penitenciária norte-americana.

O Padre, no entanto, não sofreu qualquer tipo de punição. Passou ileso diante dos crimes que, indiretamente, também cometeu contra as crianças haitianas. Assim como tantos religiosos protegidos pela Igreja Católica, o Padre Paul Carrier segue atuando de forma normal em sua trajetória religiosa, em lugar desconhecido, até que um novo escândalo sexual seja relatado pelas vítimas.

Para além de apenas captar depoimentos, Mitchell Garabedian sabia que sua atitude poderia resultar em um auxílio àqueles jovens violentados para que encontrassem um novo propósito para suas vidas. Foi dessa forma que ele recebeu as vítimas que aceitaram falar sobre suas dores, e que foram ao seu encontro por intermédio de Cyrus Sibert.

Cyrus, por sua vez, ganhou a credibilidade dos estudantes do Projeto Pierre Toussaint por ter sido o primeiro, e único na ocasião, a ecoar as denúncias que estavam sendo feitas pelos jovens para além das fronteiras que separam o Haiti do restante do mundo. Era a primeira vez que eles estavam prestes a conseguir apoio para uma eventual punição jurídica dos religiosos, mas não a primeira que eles tentavam expor suas dores ao mundo.

Em meados de 2007, quando o Pierre Toussaint já havia se transformado em uma espécie de vila para acolhimento de meninos em situação de rua em Cabo Haitiano, alguns jovens violentados decidiram romper com o ciclo a que estavam submetidos, que resultava, sobretudo, na renúncia das suas próprias liberdades e da qualidade de vida como seres humanos. Com as canetas que usavam para estudar, eles escreveram nas paredes e portas da instituição frases acusando o teólogo Douglas Perlitz de abusador e de dormir com os estudantes do projeto coordenado por ele. A ideia do grupo era mobilizar funcionários do programa a tomarem alguma atitude.

Quem primeiro viu o clamor silencioso das portas foi Louis Petit-Frére, um investigador do Instituto de Bem-Estar Social, que atuava no local como uma espécie de fiscalizador do trabalho. Sem identificar os denunciantes, uma vez que as frases eram anônimas, ele pouco pôde fazer contra o coordenador da escola, mas naquele momento outros integrantes do projeto, como professores e até mesmo psicólogos, já haviam presenciados cenas, no mínimo, em desacordo com as regras que a escola deveria cumprir, o que aumentou as conversas sobre o caso.

Anos depois, no tribunal norte-americano onde Perlitz foi condenado pelo crime de pedofilia, alguns funcionários do Pierre Toussaint admitiram que consideraram estranhas as atitudes do teólogo, que levava para dormir em sua casa alguns dos jovens atendidos pelo projeto, sem nenhum tipo de receio e até mesmo diante da presença do Padre Carrier. Eles, contudo, jamais questionaram a conduta. Afinal, era de se esperar que, naquela situação, duvidar de um Padre e seu discípulo era como desconfiar do próprio Deus, ali representado em carne e osso pelos pecadores com rótulo missionário.

Mesmo diante das evidências, nenhuma das pessoas mais fortemente envolvidas com o projeto tomava coragem de delatar as atrocidades de Perlitz. A convivência deles era traduzida pelo receio que tinham de que, além de perderem o emprego, cujo salário era um dos mais altos do país, as imputações pudessem colocar em risco todo o projeto. Mesmo de forma doentia, a análise geral era de que o projeto havia tido seus méritos, retirando algumas centenas de crianças da vida de miséria das ruas haitianas. Dentro do Pierre Toussaint, Douglas Perlitz era o pastor de um rebanho indefeso, que usava de sua superioridade diante do desvalido povo, que cedia aos seus prazeres por um ato de necessidade, não de vontade.

Ao longo dos anos, contudo, não houve moralidade alguma que pudesse ser benéfica diante do crime sexual cometido sob o viés de ajuda divina. Afinal, como já dissera Jean-Jacques Rousseau[36], afirmar que o ser humano se dá gratuitamente é algo absurdo e inconcebível. A prova da teoria do filósofo estava dentro do Pierre Toussaint, local

---

36. O Contrato Social. Jean Jacques Rousseau. Edipro. 2015.

onde nenhuma criança se submetia à violência de forma voluntária. Todos eles foram forçados a satisfazer o prazer doentio do teólogo, inseridos em uma estrutura católica onde o silêncio dos jovens era comprado com comida, estudo, banho e um teto para dormir. Douglas abusou por anos desses jovens, até que atingissem a maioridade aos 18 anos. "Hoje essas crianças são adultos, com idades entre 17 e 35 anos. A maioria deles ainda mora no Haiti, mas muitos saíram para a República Dominicana por vergonha do que passaram", afirmou o advogado.

Diante de tantos fatos, sou levada a crer que, para além do temor de perder seus empregos, a espécie de fanatismo com que parte da população via – e ainda vê – as ações da Igreja Católica em Cabo Haitiano, recolhendo das ruas crianças abandonadas como a única forma para que elas tivessem um futuro menos doloroso, impediu a sociedade de manter os olhos abertos para questionamentos.

No entanto Cyrus nunca foi um fanático religioso, nem jamais confiara totalmente no sistema que movimenta a engrenagem da Igreja Católica ou de qualquer outra religião. Cyrus é um humanista, cristão e respeita todas as igrejas e a fé de cada um. Ainda quando pequeno, Cyrus conheceu pessoas que foram abusadas por padres das igrejas próximas de onde ele morava. Para ele a exploração sexual é um crime imperdoável e que precisa ser combatido. É por isso que ele luta.

Ele teve sorte de não engrossar as estatísticas dos estupros e, ao longo dos anos, domesticou seu pensamento crítico para além de impulsos imediatos, colocando a razão acima de falsas bem-feitorias que pudessem ser feitas pela Igreja Católica ao seu povo. Cyrus, que tem admiração, assim como eu tenho, pelos verdadeiros religiosos, sabe que em muitas localizades o sacerdócio cumpre um papel que o Estado deveria. E foi motivado por suas dúvidas constantes que o jornalista não ignorou o aviso dado por um conhecido, que o abordou enquanto Cyrus se divertia com a família em um festival cultural na cidade. Foi uma rápida e informal conversa, em que o homem contou que havia um estrangeiro abusando de crianças no projeto Pierre Toussaint. Um homem branco, detentor do poder da Igreja Católica, abusando de menores, sob o véu de proteção educacional religiosa, é o espelho de tudo o que os haitianos mais abominam, ante o temor de que os nascidos na escravidão, como seus antepassados, nasçam igualmente para a escravidão. Pai de três jovens crianças, Cyrus decidiu que jamais deixaria aqueles meninos à mercê de uma escravidão sexual, que afeta o corpo e a alma. Em pouco tempo, ele próprio começou as denúncias.

A rádio comunitária e seu blog[37] transformaram-se na voz daqueles menores oprimidos e violentados, que sob a guarda de Cyrus não estavam mais sozinhos. Porém Cyrus ainda estava, e a consequência de sua afronta à Igreja foi uma série de ameaças para que deixasse de divulgar as violações que eram feitas pelo teólogo. A apreensão passou a ser sua companheira de jornada, fruto de uma relação extremamente negativa enraizada nas sementes de sexo e poder.

"Muitas vezes eu senti medo por divulgar todas essas denúncias, sem estrutura alguma, mas era preciso. Ainda sinto medo às vezes. Eu mudei meus hábitos, minhas rotinas. Não confio no sistema da Igreja Católica,

---

37. reseaucitadelle.blogspot.com

mas confio em algumas pessoas da igreja. A gente precisa entender que nem todo mundo é ruim ou criminoso", afirmou o jornalista, em uma das primeiras conversas que tivemos sobre o assunto.

"Há muito dinheiro envolvido, muitas pessoas que se aproveitam da carência do povo para fazerem o que bem querem. Eu sei que tudo é difícil no Haiti, e houve uma dificuldade para provar e divulgar tudo isso, mas eu nunca desisti. Tenho pessoas que me ajudam nesse trabalho. Agora mesmo, nós estamos vivendo exatamente isso", alegou Cyrus, fazendo referência ao meu trabalho que, após longos anos, conseguiu chegar no cerne das violações cometidas por representantes da Igreja Católica no país caribenho. Muito, claro, com a ajuda dele próprio.

Foi exatamente por acreditar que as infrações não podem ocupar espaços nas instituições, nem macular trabalhos da Igreja Católica que, ao longo dos anos, fizeram bem para a população mais sofrida, que Cyrus partiu em sua empreitada inicialmente solitária em busca da punição dos envolvidos. Até começar a divulgação das denúncias, ele mesmo sequer ouvira falar de Douglas Perlitz e do seu amante, o Padre Paul Carrier. No entanto veio a primeira delação, a segunda e inúmeras seguintes que acabaram por colocar Cyrus e Douglas em uma arena de batalhas que ultrapassou as ondas do rádio.

O arquivo de denúncias contra Perlitz fez com que Cyrus tomasse conhecimento da influência da Igreja Católica Americana no Haiti. Se a nível local a Igreja adotava o silêncio, a Igreja americana (The United States Conference of Catholic Bishops — USCCB) foi acionada para remover links com Perlitz, inclusive, contratando os serviços de uma empresa de segurança privada e de um investigador para o fazer, segundo conta Cyrus. A gota d'água que transbordou em um mar denúncias, permeado de incertezas e receios, ocorreu quando Cyrus começou a receber propostas em dinheiro vindas de emissários da Igreja Católica para que desistisse das denúncias.

"Se queriam que eu me calasse sobre as denúncias, não conseguiram. Foi aí que eu soube que estava no caminho certo. Me ofereceram dinheiro, muito dinheiro, para eu parar, mas eu nunca aceitei. Eu precisava seguir", afirma ele.

Diante das denúncias, Douglas Perlitz não mediu esforços para usar seus asseclas para intimidar o jornalista. Dada sua insistência e recusas financeiras, além das ameaças habituais recebidas regularmente por causa de nossas análises políticas, foram adicionados recursos anônimos e ameaças de morte.

Cyrus está certo quando fala que o objetivo da Igreja Católica era tentar calá-lo. Diante de sua insistência e das recusas financeiras, não demorou para que viessem as ameaças de morte. Ele lembra de cada uma delas.

"Alguns diziam: 'você não vai acordar se continuar falando sobre isso', conta ele, que continuou: "Eles ligaram para o rádio dizendo que eu ia morrer. O instrutor de esportes da aldeia Pierre Toussaint me ameaçou de morte".

A coragem de Cyrus tinha, contudo, um ponto em que a força do jornalista dava espaço ao coração: sua família. E quando as ameaças começaram contra eles, Cyrus não titubeou: tirou sua família do Haiti por questões de segurança. Hoje, todos vivem praticamente como refugiados nos Estados Unidos, mas Cyrus permaneceu no intuito de buscar a punição aos criminosos da Igreja Católica.

Paul Kendrick, um ativista americano para a proteção dos direitos da criança, indicou o jornalista haitiano para Garabedian. E foi aí que tudo começou. Por isso, sensibilizar a opinião pública nacional e internacional sobre este flagelo é tão importante. Falar da violência cometida por religiosos no país era apenas um dos objetivos a que Cyrus se propôs como imperativos para sua sobrevivência e de sua família. Para ele, era preciso mostrar esta dor ao mundo.

"Jamais vou deixar de contar tudo o que está acontecendo na Igreja Católica e como os padres tratam de maltratar nossos filhos", diz Cyrus, que nem sempre consegue conter a emoção.

Namorados do Doug

Aos 15 anos, Joe[38] era um jovem analfabeto, desnutrido e ainda infantilizado. Diante de inúmeras dificuldades que encontrava para sobreviver pelas ruas de Cabo Haitiano, tudo o que ele se recorda de estar menos preocupado naquele momento era com sua sexualidade. Ele sequer pensava muito sobre isso naquela idade, tanto que nem mesmo havia mantido relações sexuais. Naquela época, Joe não sabia dizer quais dos sexos mais o atraia. No fundo ele ainda era uma criança, preocupada com sua sobrevivência, sobretudo a curto prazo, e não com quem iria namorar.

Todavia, a ele o destino se mostrou um elo perverso entre poder e sexo, em que o jovem era apenas a mais fraca das conexões. Debilitado em sua forma física e emocional, Joe era exatamente o perfil preferido das vítimas que passaram pelas camas do religioso Douglas Perlitz. O que estava

---

38. Nome fictício. A identidade foi mantida em sigilo por questão de segurança.

em jogo a Joe, naquele ano de 2007, quando fora "captura-do" das ruas onde vivia, não era suas escolhas sexuais, o que iria acontecer mais cedo ou mais tarde, mas a forma como tudo se desencadeou. Ao estudante não foi facultada a oportunidade de definir sua sexualidade. Só lhe restava ceder às obrigações que lhe eram destinadas, vítima completa do peso do poder que, ao longo dos anos, sustentou todo um sistema de dor e sofrimento imposto pelo Igreja Católica em terras haitianas. Joe era apenas um instrumento na ramificação alimentada pela união entre supremacia e sexo, cujas barreiras do lícito e do permitido foram penetradas pela falta de conduta dos religiosos mandados para o país sob o manto de proteção da Igreja Católica.

Provindo de família religiosa, mas nem por isso contrária à prática do Vodu, Joe acreditava que o chamamento que a Igreja o fizera seria a chance de ter um futuro melhor, isento de tantas dificuldades. Porém, dentro do projeto Pierre Toussaint – o rapaz havia sido um dos escolhidos para ingressar naquele ano –, logo percebeu que a única proteção que existia era para os representantes da Igreja. Nem mesmo a confissão, tão defendida pela Igreja Católica desde o Concílio de Latrão, em 1215, era permitida ao jovem. Mesmo que fosse, de nada adiantaria Joe usar da figura do Padre Paul Carrier, o único que ele conhecia naquele momento, para contar suas angústias. O sacerdote presente na escola que o jovem frequentava era mais herege que qualquer um dos pecadores que Joe acreditava estar se tornando. Sem lado para fugir, o jovem viu seu crescimento como pessoa crítica se desenvolver de forma diretamente proporcional à violação sexual que sofria e foi dessa forma que, mesmo na sua ingenuidade maculada, ele soube que nada do que acontecia atrás dos muros do Pierre Toussaint estava correto. "Os abusadores sexuais sempre procuram pessoas com o mesmo perfil: frágeis e vulneráveis. Douglas viu que essa criança e as demais eram inocentes e vulneráveis. Ele abusou dessas crianças dizendo que se não cedessem ao sexo seriam colocados na rua. Ele sempre dizia que as crianças tinham de manter os abusos em segredos e assim elas faziam. Por medo e por vergonha", relata o advogado Mitchell Garabedian, que também foi responsável pelo caso de Joe na Justiça norte-americana.

Das inúmeras vezes em que foi violentado, Joe guarda poucos detalhes, como o fato de nunca ter usado preservativo, uma prática comum em todas as relações de sodomia do religioso. Passados mais de 10 anos da violência regular, ele não recorda exatamente quantas vezes foi abusado por aquele homem de pele clara e mãos finas, nem o momento em que deixou sua verdadeira identidade de lado e passou a responder pelo apelido pejorativo que ficou gravado em sua alma: Namorado do Doug. Rotulado como gay em uma sociedade em que o homossexualismo é fortemente recriminado, Joe estava condenado pela perversão do teólogo a viver na obscuridade, em um ciclo de interdição de sua própria vida, da qual ele perdera o controle.

A partir do momento em que passou a ser violentado pelo religioso, a manutenção do segredo antes forçado pelo coordenador da escola, passou a ser nada mais que uma questão de sobrevivência para o adolescente: "Renuncia a ti mesmo sob pena de seres suprimido; não apareças se não quiseres desaparecer", já havia parafraseado Michel Foucault[39], bem antes de Joe chegar ao mundo.

---

39. Michel Foucault, História da Sexualidade – A vontade de Saber. Paz e Terra. 2018.

No Haiti dominado pelas leis da Igreja Católica, a sexualidade é muda, contida e hipócrita. Falar de sexo nessa parte da ilha caribenha já soa como uma espécie de transgressão às regras. É como se quem rompesse essas determinações estivesse apto a qualquer tipo de punição, já que está com isso infringindo a política conservadora com a qual a Igreja Católica comanda a pulso rígido o Estado Haitiano.

Prova vem dos documentos publicados ao longo dos anos pela Conferência Episcopal do Haiti, que costuma deixar sacramentado em seus encontros a posição religiosa de contradição a temas que tratam de sexo e especialmente de homossexualismo. Sobretudo quando há temores que o assunto possa ganhar repercussão e apoio popular como aconteceu em 2016, quando uma passeata em defesa dos diretos LGBT, realizada em Porto Príncipe, acabou com dois defensores do movimento mortos de forma violenta.

A polícia haitiana, sempre apática e despreparada para situações de intervenção necessárias, não se manifestou sobre os assassinatos, que terminaram sem punição, como tudo que contraria a Igreja Católica jamais é punido no país. Como consequência, no dia 29 de setembro daquele mesmo ano, a Conferência Episcopal do Haiti publicou um documento no maior jornal de circulação local, o Le Nouvelliste[40], a fim de não deixar dúvida de que a Igreja Católica no Haiti jamais se dobrará às "modernidades", algumas até mesmo defendidas pelo Papa Francisco. O documento, que aqui traduzo do francês, diz:

A Conferência Episcopal do Haiti achou oportuno fixar a posição da Igreja Católica nessa área.

---

40. https://lenouvelliste.com/m/public/index.php/article/163909/massi-madi-leglise-catholique-fixe-sa-position

1. A Igreja adota a atitude de nosso Senhor Jesus Cristo que, em amor ilimitado, é oferecido para cada pessoa, sem exceção. Como resultado, leva em consideração a situação das famílias que experimentam a experiência de ter homossexuais no meio, uma experiência longe de ser fácil para pais e filhos.

2. De acordo com os ensinamentos da Igreja, toda pessoa, independentemente de sua situação sexual, deve ser respeitada em sua dignidade e ser recebida com compaixão e delicadeza, com o cuidado de evitar "qualquer sinal de discriminação injusta" e, principalmente, todas as formas de agressão e violência (ver Catecismo da Igreja Católica, n° 2357, 2358, 2359).

3. No entanto, no que diz respeito ao projeto de assimilar uniões entre homossexuais ao casamento, não há base para estabelecer analogias, mesmo as distantes, entre uniões homossexuais e o plano de Deus para o casamento e a família (ver Congregação para a Doutrina da Fé, Considerações sobre projetos de reconhecimento legal para relacionamentos homossexuais não casados, n° 4)

4. É realmente inaceitável que "as igrejas locais estejam sob pressão nessa área e que as agências internacionais condicionem ajuda financeira ao Haiti e aos países pobres para introduzir leis que estabelecem o casamento entre casais do mesmo sexo".

O documento acima traduzido mostra que, para além de preservarem em segredo a relação entre sexo e poder que mantinham com o teólogo, Joe e os mais de 100 jovens que foram escolhidos como "Namorados do Doug" precisavam encontrar forças para se manterem vivos em um país onde apenas a "discriminação injusta" aos homossexuais é tida para a Igreja como algo a ser "evitado", o que é bastante longe de ser proibido. Lá, a doença ou o vício que levava Douglas a abusar das crianças era apenas uma sexualidade periférica, que ele manteve por longos anos em segredo ameaçando as crianças de expulsá-las da escola caso contassem alguma coisa sobre o que acontecia quando eles estavam entre quatro paredes.

O poder que Douglas exercia sobre aqueles menores era nada mais que um mecanismo de apelação para que o clã da Igreja conseguisse manter em atividade suas condutas ilícitas. Alicerçada em um silêncio amedrontador, as perversões do teólogo aumentavam suas interferências não somente sobre os corpos das vítimas, mas também sobre os prazeres do próprio Douglas, que a cada momento queria mais e mais, inflando a lista de vítimas a serem violentadas. Dessa forma, Douglas disseminou a sexualidade daqueles jovens, que foram rotulados de homossexuais na esteira do gosto e tipo de prática desenvolvida por ele. A proliferação da sexualidade dos adolescentes, que muitos acabaram assumindo a identidade homossexual mais por rótulo do que convicção, deu-se especialmente pela extensão do poder religioso a que estavam submetidos.

Foi o que aconteceu com Joe. Após ser chamado de "Namorado do Doug", nem mesmo ele sabe dizer se é homossexual por sua própria escolha ou se o bloqueio de sua libido, causada pelas violências que sofreu, levou-o à homossexualidade (Sigmund Freud explicou em seus estudos casos em que o homossexualismo era assumido como uma espécie de consequência do meio em que a pessoa vivia)[41]. O fato é que, para manter sua própria sobrevivência, Joe se viu obrigado a manter segredo do que acontecia com ele dentro do projeto de educação católica, assim como da sexualidade que assumiu, até mesmo de sua família, por muitos anos.

Dados de um relatório elaborado em 2015 pela Comissão Internacional de Direitos Humanos (CIDH) da Organização dos Estados Americanos (OEA) justificam esse temor, ao apontar que, somente em um período de 15 meses (entre janeiro de 2013 e março de 2014), foram cometidos pelo menos 770 atos de violência contra pessoas LGBT, incluindo 594 mortes nos países que integram o grupo. Em casos como ocorre no Haiti, a comissão observou que o tipo de legislação presente "reforça um ambiente que tolera a discriminação, estigmatização e violência contra as pessoas LGBT"[42].

Embora não tenha sido um caso raro dentro do Projeto Pierre Toussaint, nem todos os meninos tiveram a coragem de Joe para falar ao advogado Mitchell Garabedian sobre as violações que sofreram, assim como de assumirem sua homossexualidade. Nem todos também foram escolhidos por Douglas Perlitz para serem violentados, deixando uma grande lacuna sobre o real número de vítimas da perversidade do religioso. Aos "Namorados do Doug", contudo, não houve como manterem o segredo por muito tempo. Eles assim eram apontados na escola, e até mesmo nas ruas de Cabo Haitiano após o fechamento do projeto, colocando em risco a própria vida em um país onde o homossexualis-

41. Pense como Freud. Editora Cultrix. São Paulo. 2017.
42. http://www.oas.org/pt/cidh/docs/pdf/ViolenciaPessoasLGBTI.pdf

mo é visto como algo à margem da sociedade, tão evitado que chegou a ser transformado em lei.

O fato se deu quatro anos depois de Garabedian recolher os depoimentos, quando os senadores haitianos aprovaram um projeto de cunho extremamente religioso que proibiu o casamento entre pessoas do mesmo sexo no país, como já estava previsto no Código Civil. Embora seja uma nação considerada laica em sua Constituição, o Haiti se sustenta em torno de uma estrutura política que preserva as instituições defendidas pela Igreja Católica e, se para a Igreja, o único casamento permitido é entre homem e mulher, o Senado assim o determinou, implementado até mesmo penalidades para quem descumprir as regras ou apoiar quem esteja de alguma forma vindo de encontro aos dogmas católicos. Pela lei, quem descumpre a legislação pode ser condenado à prisão de até três anos e multa que pode chegar a mais de seis mil euros, valor considerado uma verdadeira fortuna praticamente inatingível aos padrões haitianos.

Na época da votação, o presidente do Senado, Youri Latortue, chegou a afirmar que a lei aprovada apenas sacramentou o domínio religioso sobre a política do país. "A predominância religiosa atuou no nível da assembleia e, embora o Estado seja secular, são as pessoas que têm uma fé que hoje são maioria", sustentou ele à agência internacional de notícias AFP logo após a votação da matéria, em 2 de agosto de 2017.

Para além de *bullying* dos próprios colegas, os jovens que foram violentados pelo teólogo Douglas Perlitz sofreram consequências psicológicas que vão os acompanhar por toda a vida. No fundo, todos eles têm extremo temor do que o poder da Igreja Católica junto ao Estado Haitiano possa representar em suas vidas. Temem nunca conseguirem emprego, nunca poderem ser quem querem ser, seja homosse-xual ou heterossexual. Receiam ser punidos com uma con-denação jurídica que os leve para a Prisão Central de Porto Príncipe, considerada uma das piores casas de detenções do mundo pela Organização dos Estados Americanos (OEA), e a qual eu tive a oportunidade de ser a primeira jornalista a entrar e conhecer aquele submundo[43].

No Haiti, o poder da Igreja Católica está em todas as partes, em uma onipresença que condena ao isolamen-to quem vai contra suas regras. Por esse motivo, muitos dos jovens violentados por Perlitz, com o consentimento do Padre Paul Carrier, consideraram salutar deixarem o país. A República Dominicana foi o caminho escolhido por boa parte deles, especialmente por causa da proximi-dade. Entre os que ficaram, a maioria usou o dinheiro das indenizações já pagas pela Igreja Católica, provenientes da decisão judicial estabelecida pela Justiça dos Estados Unidos, para comprar casas. Como forma de proteção, as vítimas escolheram morar próximos uns dos outros, dan-do origem a uma espécie de vila rotulada como a morada dos "Namorados do Doug".

---

43. http://www.clicrbs.com.br/blog/jsp/default.jsp?source=DYNAMIC,blog.BlogData-Server,getBlog&uf=1&local=1&template=3948.dwt&section=Blogs&post=57147&blo-g=342&coldir=1&topo=3994.dwt

6

Em nome do Filho

"Os crimes de abuso sexual ofendem Nosso Senhor, causam danos físicos, psicológicos e espirituais às vítimas e lesam a comunidade dos fiéis. Para que tais fenômenos, em todas as suas formas, não aconteçam mais, é necessária uma conversão contínua e profunda dos corações, atestada por ações concretas e eficazes que envolvam a todos na Igreja, de modo que a santidade pessoal e o empenho moral possam concorrer para fomentar a plena credibilidade do anúncio evangélico e a eficácia da missão da Igreja. Isso só se torna possível com a graça do Espírito Santo derramada nos corações, porque sempre nos devemos lembrar das palavras de Jesus: 'Sem Mim, nada podeis fazer' (Jo 15, 5). Embora já muito se tenha feito, devemos continuar a aprender as lições amargas do passado, a fim de olhar com esperança para o futuro"

Trecho da Carta Apostólica publicada pelo Papa Francisco e que entrou em vigor em 1º de junho de 2019.

A criança condenada

Sentada em uma cadeira de balanço, Sheila[44] vê o sol se pôr diante de seus olhos, como se quisesse mergulhar na intensidade dos raios que ainda abrilhantam o céu. A coloração do crepúsculo invade sua alma, e a jovem acredita que a escuridão iminente poderá trazer a luz ao final de mais uma noite mal dormida. Absorvida em meio a sombras indefinidas, a jovem mergulha profundamente em seus sonhos e, assim, pode sentir as letras passarem diante de si, como que em uma dança condicionada ao batuque intenso do Vodu. Há pelo menos um ano, toda noite é da mesma forma. Sempre que se senta na cadeira que um dia fora de sua avó, ela tenta alcançar em seus sonhos as letras necessárias para compor a palavra "*bon bagay*"[45]. No entanto Sheila nunca consegue e sempre desperta assustada, antes de completar a sequência das letras. O choro intenso do bebê que carrega consigo não a permite mais sonhar. No despertar de Sheila, o "**bon bagay**" se transformou na filha indesejada, que no que dependesse do pai sequer haveria nascido. Em nome do Padre e de todo um sistema de proteção criminal estruturado pelo cerne da Igreja Católica no Haiti, a criança gerada no ventre de Sheila já nasceu condenada à morte pelo próprio pai: Bruno Eugener, Padre Diocesano da Igreja Católica no país.

"Quando ele (Padre) soube que eu estava grávida, ele ligou para os meus pais e disse que eu era a responsável por aquilo ter acontecido e disse que ele estava no coman-

---

44. Nome fictício. A identidade foi mantida em sigilo por questão de segurança.
45. Em Português, essa palavra significa "gente boa".

do. Ele ofereceu dinheiro para meus pais tirarem a criança. Ele queria que eu matasse a criança", contou-me Sheila, em uma longa conversa em uma tarde de domingo, enquanto embalava em seu colo a criança de poucos meses de vida, completamente sedento pelo peito materno.

No alto da juventude, aos seus 18 anos, Sheila foi obrigada a se tornar mulher, sem que a ela fosse permitido conhecer o real significado da palavra respeito. Naquela tarde de domingo em que conversamos, com a tradução feita com a ajuda de Cyrus Sibert, o uniforme escolar que ela vestira alguns meses antes não passava de uma recordação boa, do tempo em que a escola e a Igreja eram apenas um local de aprendizado e de esperança.

Amassada e praticamente escondida em meio às poucas fraldas de pano da criança, a roupa escolar servia de motivação para Sheila, que lembrava de cada detalhe daqueles anos em que imaginava em um dia ser professora. O sonho de estudo, para ela, sempre foi distante, e, embora a psicologia confirme que sonhos geralmente remetem ao passado[46], para aquela jovem haitiana com que tive a oportunidade de conversar, o sonho nada mais era que um futuro inalcançável. Foi inacessível para ela e será, provavelmente, para sua pequena bebê, para o qual ela não consegue imaginar um futuro.

Sheila é um exemplo do quanto as mazelas sociais do Haiti foram usadas pela Igreja Católica para esconder padres acusados de pedofilia, dando a eles, ao invés de punição, incentivo para que continuassem a cometer seus crimes. Seu destino, à margem da sociedade, foi traçado muito

---

46. FREUD, Sigmund. A interpretação dos Sonhos (1900). Obra completa, volume 4. Companhia das Letras.

cedo, quando ela, aos cinco anos, foi entregue pelos seus pais, pequenos agricultores do interior do país, para um casal de tios que morava na localidade de Ranquitte, ao Norte do país. A família, tão carente de recursos como a maior parte da população haitiana, fez de Sheila quase como uma restavék, usando a criança para os afazeres domésticos, sem se aproveitar de seu corpo para práticas sexuais.

Com os tios, a quem ela chama de pais, Sheila se manteve durante a infância imune à violência sexual que muitos menores sofrem no país, ao serem usados como objeto de iniciação sexual para as crianças das famílias que detém o poder de um restavék. Também se livrou de engrossar as estatísticas de outro crime que ganha cada dia mais adeptos no país: a adoção ilegal de crianças feita por estrangeiros.

Nos últimos anos, especialmente no período que se estende desde 1980, houve um crescimento considerável de menores haitianos que foram levados para morar fora do país por famílias estrangeiras, especialmente oriundas da Europa. O índice sofreu um sobressalto em 2010, quando o terremoto que sacudiu o Haiti agravou ainda mais a condição dos menores, deixando ao menos um milhão de crianças em situação de desamparo, segundo dados do Fundo das Nações Unidas para Crianças (Unicef). Nesse cenário, a tênue linha haitiana que separa a adoção do tráfico humano tomou contornos difíceis de serem desmembrados. Em solo haitiano, comprar uma criança pode custar em torno de R$ 46 mil. O mercado do tráfico humano é amplo, e dificilmente combatido pela polícia do país, que não consegue sequer resolver seus mínimos problemas de estrutura.

Em apenas 10 dias depois do terremoto, mais de mil crianças deixaram o Haiti de forma irregular rumo à Alemanha, segundo contabilizou Françoise Gruloos-Ackermans, representante da Unicef em Santo Domingo[47]. Outras mil crianças chegaram à França, conforme admitiu o próprio Governo do país europeu, em processos permeados de irregularidades. De acordo com Ricardo Seitenfus, ex-representante da OEA no Haiti, boa parte dos processos de adoção foram firmados por meio de dossiês médicos, psicológicos e sociais incompletos ou pouco confiáveis, assim como a maioria dos pedidos fora feito por pais que tiveram as solicitações de adoção negados em seu respectivo país.[48]

Sem ratificar a Convenção de Haia, de 1993, que determina a proteção de crianças e a cooperação em temas referentes à adoção internacional, o Haiti se tornou um cenário amplo para as irregularidades nas acolhidas, que abrem brechas mediante pagamentos de moedas internacionais, cujos valores são superiores ao desvalorizado Gourde. Os números são acrescidos a cada ano, mas segundo a Organização Internacional para as Migrações (OIM), em torno de 2,5 mil crianças haitianas são vítimas de tráfico humano por ano no país. Pelo menos outras 1,5 mil são levadas da ilha por métodos tradicionais de adoção, intermediados pelo Instituto do Bem-Estar Social (IBESR), órgão ligado ao Governo haitiano que depende do pagamento da abertura do processo de adoção, algo equivalente a US$ 130 por interessado, para quitar os salários dos seus próprios funcionários. Os dados são tristemente surpreendentes. Alguns deles são denúncias documentadas e que precisam ser tornadas públicas. Eis meu próximo objetivo. Sem dúvidas, acredito que meu trabalho junto ao Haiti ainda tem um longo caminho

---

47. Le Monde, Haiti, de l'adoption au trafic. Publicada em 10 de fevereiro de 2010.
48. In SEITENFUS, Ricardo. Haiti, Dilemas e Fracassos Internacionais. Editora Unijuí. 2014.

a ser percorrido.

Quanto a Sheila, ela fugiu da realidade de uma adoção forçada, mas não dos serviços domésticos e muito menos da violência sexual. Na Escola Presbiteriana Paroquial em que estudava, ao lado da Igreja, a jovem se destacava no aprendizado e, por esse motivo, ganhou o título de monitora do grupo. O que era para ser uma premiação tornou-se o caminho para o inferno.

Foi ao desenvolver o trabalho de monitora que a jovem conheceu o Padre Bruno Eugener. Homem alto e de porte atlético, com um sorriso contido aprendido desde o seminário, o sacerdote chegou à pequena localidade de Ranquitte em meados de 2017, depois de já haver circulado em outras paróquias do país. Naquele momento, a comunidade local não tinha nenhum motivo para evitar receber de braços abertos o novo padre, que chegou com honras da Igreja Católica para ocupar seu espaço como o mais próximo representante de Deus.

Diocesano, Eugener foi colocado para comandar a paróquia que era responsável pela educação a que Sheila e outras jovens meninas e meninos tinham como única esperança de um futuro melhor. A prática de deslocamento do sacerdote seguiu os critérios estabelecidos pela Igreja Católica quando se está em jogo a reputação de um de seus padres pedófilos: colocar o religioso na paróquia mais distante da comunidade onde ele estava, e que precisou ser abandonada após alguma das suas infrações ser descobertas.

Foi dessa forma que Eugener chegou a Ranquitte praticamente fugido da comunidade de Plaisance, também na região norte do Haiti. Lá, onde atuou por dois anos, sua perversão sexual já havia deixado rastros inapagáveis pelo clero, após denúncias de abusos contra menores terem chegado à Pastoral da Juventude. Em Ranquitte, a Igreja acreditava que ele poderia permanecer imune às condenações, ao menos até que começasse a cometer novamente seus crimes. A própria Igreja sabe que, em condições normais, não consegue evitar que padres pedófilos deixem de cometer crimes. Uma vez que a ternura já foi substituída por total crueldade, a Igreja se torna conivente com os crimes, ao deixar um pedófilo como Eugener tão perto de crianças.

A proteção dos desejos do representante da Igreja se sobressai diante de qualquer questão moral e legal que possa ser levantada. Às leis da Igreja, apenas o bem-estar de seu clérigo é levada em consideração quando se trata de casos de abuso sexual e de pedofilia. Bruno Eugener é mais um dos que compõe as estatísticas mundiais da Igreja Católica contra punições. Já Sheila e outras meninas eram as vítimas da vez.

O contato da jovem com seu carrasco teve início quando, por volta dos 16 anos, ela assumiu a monitoria da escola. Sheila ficou responsável pela animação dos estudantes, o que incluía atividades lúdicas, como teatro, música e literatura, além da produção de textos que pudessem ser lidos entre os alunos durante as atividades.

Eugener, tido como o mentor a ser seguido, usou de sua superioridade para constranger a jovem. O que começou com pedidos para que ela levasse até ele as redações se transformou em ponto de partida para seus crimes. Desde a primeira vez que entrou na casa do pároco com os textos para serem corrigidos, Sheila jamais saiu imune às suas violências, sistematizadas por meio de desvios perversos construídos ao longo dos anos de sacerdócio. Eugener era um exemplo típico de quem não conseguia controlar seus desejos, transformando em crimes atos que desde sempre são condenados pela sociedade. O instinto sexual do predador se sobressaia em relação a qualquer ação religiosa que ele pudesse desenvolver em prol daqueles jovens, fazendo com que a busca por prazer tornasse a dor e o sofrimento das vítimas questões inferiores, passíveis de serem ignoradas.

O padre era um exemplo do que Freud já afirmara, ainda no começo dos anos de 1900, que muita gente que se gaba de sua abstinência sexual só é capaz disso com a ajuda da masturbação[49]. A prática, condenada pela Igreja Católica aos representantes de Deus, e que poderia, quiçá, servir de alívio para determinadas questões sexuais dos sacerdotes, era seguida pelo padre diante da jovem vítima. Na frente de Sheila, Eugener se masturbava e a obrigava a se despir para que ele tocasse seu corpo. Sob a ameaça de um revólver, não restou a Sheila outra atitude que não fosse ceder à violência que era imposta pelo padre. A penetração era o último dos atos, feito completamente sem pressa, em um ambiente resguardado com o título de "a casa do representante de Deus". Em nenhuma das vezes ele usou preservativo, cuidado que nem mesmo a jovem conhecia, mas fez questão de ameaçá-la, da forma mais intensa que podia, quando soube de sua gravidez.

"O padre dizia para eu ficar em silêncio ou eu seria morta. Ele falava que tinha uma arma", disse ela. "Eu sempre ficava em silêncio, nunca contei sobre o que ele fazia para ninguém. Eu tinha medo de morrer", afirmou a jovem, que

---

49. Pense como Freud. Aforismo selecionados e grandes questões do Pai da Psicologia moderna. Cultrix, 2017.

não soube contabilizar quantas vezes foi abusada sexualmente pelo padre, todas elas dentro da casa paroquial.

De maneira não planejada, o silêncio e o segredo guardados por Sheila em relação às agressões que sofria deram guarida ao poder cada vez maior que o sacerdote desenvolvia sobre ela, assim como sobre outras jovens que igualmente foram alvo da violência. Ao menos mais duas, sendo que uma delas também engravidou do padre, segundo contou Sheila, que as conhecia. Em relação ao sexo, o poder jamais irá estabelecer uma relação que não seja negativa, afirmara Michel Foucault[50], o que, no caso do padre, resultou em ocultação de seus crimes e mascaramento de uma personalidade que inexistia quando fora das celebrações religiosas. Para Sheila, Eugener era amedrontador, em vez de um religioso que merecesse respeito por sua condição de representante de Deus.

Foi por medo que ela manteve em segredo as violências até quando pôde, mas seu corpo não seguiu as determinações que sua mente queria. As mudanças, resultado da gravidez, começaram a chamar a atenção, até o dia em que seus tios a questionaram sobre o que estava acontecendo.

Atemorizada, a jovem tentou evitar o assunto, uma vez que nem mesmo ela sabia o que estava acontecendo com seu corpo naquele momento. No entanto os tios não desistiram, até que ela teve coragem de falar sobre as agressões e, especialmente, sobre quem a estava violentando há bastante tempo. Tão logo seus tios souberam, a notícia se espalhou na pequena comunidade. Intimidador, Eugener foi atrás da família.

---

50. FOUCAULT, Michel. História da Sexualidade, a vontade de saber. Paz e Terra, 7ª edição.

"Quando o padre soube da gravidez, e que meus pais (tios) sabiam, ele ligou para meus pais e disse que eu era responsável por aquilo (gravidez) ter acontecido. Ele queria que eu tirasse o bebê, mas meus pais aceitaram isso", disse a jovem.

Nos dias após a revelação, Sheila deixou de ir à escola e viu sua vida, que já era de dificuldades, mergulhar em uma escuridão sem precedentes. Envergonhada, ela tinha receio de sair à rua. Temia pela própria vida e a da sua família. Tinha medo de que o padre cumprisse sua promessa de matá-la. Até que veio outro telefonema do pedófilo.

"Ele ligou mais uma vez e pediu que minha família não falasse nada. Meus tios disseram que não, eles não podiam ficar em silencio pelo bebê. Foi aí que o padre ofereceu dinheiro para que ninguém falasse sobre o assunto", contou.

Sheila não soube dizer de quanto era a quantia ofertada, mas sua família negou todas as propostas. "Ele disse, depois, que se encarregaria de tudo. Que enviaria dinheiro para eles e para o bebê. Minha família não aceita ficar em silêncio", afirmou a jovem.

A criança, uma menina, nasceu em fevereiro de 2019, saudável, pesando pouco mais de 3 kg. Sheila não quis dizer o nome do bebê, a quem ela se referiu como criança a todo o momento. A filha do padre não conhece o pai, que saiu mais uma vez fugido de uma comunidade, deslocado para outra paróquia pelos líderes da Igreja Católica no país. O local onde está atuando é desconhecido, até o momento em que ele voltar a cometer novos abusos sexuais e seja por isso denunciado.

A punição, no caso de Sheila, não foi do pedófilo, mas da jovem vítima da agressão. Aos 18 anos, ela passa o dia cuidando da criança. Abandonou a escola e seu sonho de ser professora. Mesmo assim, parece, inacreditavelmente, detentora de uma elevação espiritual que somente a cultura haitiana é capaz de explicar. Apesar de toda a violência que sofreu, Sheila não demonstra raiva pelo Padre Eugener.

"Deus sabe de tudo o que eu passei. Acho que isso tinha de acontecer assim... comigo. Agora, eu só gostaria de seguir em frente, ajudar meu bebê e poder voltar para a escola. Quem sabe um dia, não é?", finalizou ela.

Padre Bruno Eugener, que engravidou Sheila e no mínimo mais uma jovem, estava em paróquia desconhecida quando o livro foi finalizado.
Foto: Reprodução/Facebook.

Cegueira coletiva

Em 25 de fevereiro de 2014, a Convenção dos Direitos da Criança, realizada pela Organização das Nações Unidas, em Genebra (Suíça), elaborou um documento de 16 páginas em que o alvo principal era a tentativa de combater a inércia do Vaticano perante os tantos casos de pedofilia envolvendo seus representantes em diversas partes do mundo. No relatório, dentre outras questões, a ONU cobrou da Santa Sé a implementação de treinamentos e regras a serem seguidas por seus representantes diretos, como padres e bispos, e até mesmo por funcionários que desenvolvem atividades em escolas e instituições bancadas com recursos e estruturas do Vaticano, o que nunca ocorreu.

"The Committee notes that a special office was established in August 2013 to oversee the implementation of international agreements to which Vatican City State is a party and that the Commission created in December 2013 will be empowered to receive children's complaints of sexual abuse. The Committee is, however, concerned that the Holy See has not established a mechanism to monitor respect for and compliance with children's rights by individuals and institutions operating under its authority, including all Catholic schools, worldwide and in Vatican City State"[51].

O treinamento a que a ONU se referia talvez pudesse ter evitado parte das violências sexuais cometidas no Projeto Pierre Toussaint, onde mais de 100 crianças foram abusadas pelo teólogo Douglas Perlitz, que teve todos seus atos

51. Convention on the Rights of the Child, Genebra, 25 de fevereiro de 2014. Página 4. (O Comitê observa que um escritório especial foi criado em agosto de 2013 para supervisionar a implementação de acordos internacionais dos quais o Estado da Cidade do Vaticano é parte e que a Comissão criada em dezembro de 2013 terá poderes para receber queixas de crianças sobre abuso sexual. O Comitê está, no entanto, preocupado com o fato de a Santa Sé não ter estabelecido um mecanismo para monitorar o respeito e o cumprimento dos direitos das crianças por indivíduos e instituições que operam sob sua autoridade, incluindo todas as escolas católicas, em todo o mundo e no Estado da Cidade do Vaticano).

protegidos pelo Padre Paul Carrier, que jamais fora punido por isso. A atitude de proteção a Carrier, ao meu ver, o torna tão criminoso quanto Perlitz, que foi condenado à prisão nos Estados Unidos por pedofilia. Porém, ao contrário do teólogo, Carrier não foi preso, mas protegido pelo Vaticano e seu destino, até o momento em que este livro foi finalizado, era desconhecido. Assim como também era dado como desconhecido o local escolhido pela Santa Sé para a alocação do Padre Bruno Eugener, em uma prática de mudanças que permite, não apenas a falta de punição, mas a continuidade dos abusos contra a parte mais indefesa da sociedade mundial: as crianças e os adolescentes, especialmente os que moram nos países mais debilitados, como é o caso do Haiti.

Na prática, não são apenas os religiosos que cometem as violações que são criminosos, mas a própria Igreja Católica. Em um processo milenar de proteção de seus atos e os de seus representantes, o catolicismo se perdeu em meio à falta de punições, sob temores de que, ao tratar o assunto, a imagem da Igreja fosse abalada e com isso a injeção de recursos pudesse ser afetada. A reputação da Igreja, contudo, já está abalada.

A Congregação Doutrina da Fé, criada pelo Vaticano como uma espécie de tribunal de inquisição para o julgamento de atos que vão de encontro às leis do Direito Canônico, não passa de uma proteção em que pouco se divulga sobre casos de clérigos envolvidos com escândalos. As regras para os julgamentos não são transparentes, ficando restritas a seus representantes cercados pelas paredes inabaláveis do Vaticano.

Embora a Santa Sé afirme que, entre os anos de 2006 e 2016, tenha expulsado cerca de mil padres que atuavam em diferentes partes do mundo, por envolvimento com pedofilia, o número ainda parece insignificante, especialmente quando se leva em consideração a atuação de religiosos em países com menores condições sociais, como é o caso do Haiti. Lá, a falta de estrutura social como um todo limita a população quanto ao conhecimento do que é certo ou errado, além de colocar os chamados "filhos de Deus" em condição de extrema inferioridade em relação aos clérigos. O poder exercido por eles os fortalece, criando uma barreira de proteção que os deixa imune às punições. Não há denúncias por parte dos bispos haitianos, que controlam uma Igreja atrelada ao poder do Estado. Há uma cegueira coletiva, por todos os lados. Um código de conduta coletivo que impede as penalidades, como afirma a ONU em seu relatório. No caso do Haiti, são culpados tanto a Igreja Católica, que usa o país como seu espaço de doutrinação, quanto o Estado Haitiano, que depende da Igreja para que serviços básicos, como saúde e educação, sejam oferecidos à população.

Embora o relatório da ONU tenha causado uma espécie de constrangimento ao Vaticano, ele pouco se mexeu para que os casos de abusos pudessem ser evitados e tornados públicos quando o país em questão é o Haiti.

Ao longo dos anos, pode-se perceber que a Santa Sé apenas age em casos em que há uma mobilização popular e da mídia em torno do tema, o que não acontece no Haiti, onde a imprensa é praticamente inexistente e a população mal tem acesso à comida.

Sheila, que tem uma criança fruto de abuso sexual cometido por um padre, sequer sabe que existe uma associação que defende os direitos dos filhos de padres em todo o mundo. A Coping International[52] foi fundada nada menos que pelo filho de um padre, que assim como os demais foi abandonado à sorte pelo seu progenitor.

Ao contrário de incontáveis crianças pelo mundo, especialmente as haitianas, o psicoterapeuta Vincent Doyle teve a sorte estudar e agora batalha para que crianças filhas de padres possam ter apoio psicológico e outros necessários para que possam sobreviver.

Sheila também não sabe que existe uma orientação interna, em que sua íntegra é mantida em sigilo pelo Vaticano, que determina regras para os padres que comprovadamente possuem filhos. A Rádio do Vaticano, veículo oficial da Igreja Católica, expôs, no começo de 2019, o assunto por meio de uma entrevista concedida pelo cardeal Beniamino Stella, prefeito da Congregação para o Clero, órgão responsável pela elaboração das regras[53].

O documento, intitulado 'Nota relativa à prática da Congregação para o Clero a propósito dos clérigos com filhos', seria, segundo o Vaticano, um texto técnico, e por esse motivo não foi divulgado nos arquivos da Santa Sé. Embora trate de casos de filhos de padres, o documento não se refere a casos em que a criança é fruto de abusos sexuais. Mais uma vez, o Vaticano tapa os olhos em relação às violações que ocorrem em diversos lugares do mundo. Se não há pedido de um bispo para o afastamento do padre, ou do próprio sacerdote, a Igreja não toma a iniciativa de afastá-lo do trabalho religioso.

"Obviamente cada caso é examinado no mérito e na própria especificidade. As exceções são, na verdade, muito

---

52. http://www.copinginternational.com
53. https://www.vaticannews.va/pt/vaticano/news/2019-02/filhos-sacerdotes-andrea-tornielli-entrevista-cardeal-stella.html

raras. Por exemplo, acontece o caso de um recém-nascido, filho de um sacerdote que, por determinadas situações, entra numa família já consolidada em que um outro pai assume o papel de pai. Ou quando se trata de sacerdotes idosos, com filhos em idade já 'madura', de 20 a 30 anos. Padres que, na juventude, tiveram situações dolorosas afetivas e que depois asseguraram aos filhos o acompanhamento econômico, moral e espiritual, e hoje exercitam o seu ministério com zelo e empenho, depois de terem superado as fragilidades afetivas precedentes. Nessas situações, o Dicastério não obriga os bispos a convidar os padres a solicitar a dispensa. Trata-se, me parece, de casos em que o Dicastério aconselha um discernimento mais flexível dentro de uma prática e de linhas guias rigorosas para a Congregação", afirmou o responsável pela Congregação, Cardeal Beniamino Stella.

Diante dessa 'flexibilidade' permitida pela Igreja quando seus representantes são responsáveis por violações, resta apenas acreditar que, em diferentes lugares do mundo, haverá sempre alguém que se revoltará contra o sistema, buscando soluções e punições para que crimes de violência sexual, nesse caso em questão, especialmente contra menores, possam ser punidos com o rigor necessário.

Para os que sofreram abusos vindos de quem deveria preservar e cuidar, como determina o sacerdócio, não há dinheiro de indenização que seja capaz de amen : a dor da violação.

"Nenhuma quantia de d. ᵛderá devolver às vítimas o que foi roubado deles. Eu nunca ᵛᵢ uma vítima que não devolveria o dinheiro todo que recebeu não ser abusado novamente", afirmou o advogado. "É uma forma ᵛᵢ-to triste de eles viverem", finaliza Mitchell Garabedian.